全能連マスター・マネジメント・コンサルタント
佐藤英郎

部下の能力を100%引き出す

職場のコーチング術

部下の能力を100％引き出す

職場のコーチング術＊もくじ

3章 質問をすることで部下は鍛えられる——部下に教えてもらう

カバーデザイン◇◇◇島田拓史
カバーイラスト◇◇◇村上基浩
本文イラスト◇◇◇岡坂浩樹

プロローグ

上司が変わらなければ部下は動かない

▼〝成功した〟これまでの部下指導ほど通用しない！

「トップダウン」「指示と命令」――これが従来の部下指導である。

「こうしなさい」

「私の言うとおりにやれ」

「いままで、こうやってきたのだ」

すなわち、あくまでも「答え」は上司が持っており、それを部下に一方的に伝え、部下はそれを吸収し、忠実に実行していくというかたちで部下指導が行なわれてきたのである。

しかし日替わりで急激な変化を遂げる今日のビジネス環境の中にあっては、従来の一方通行的な指導では通用しなくなってきている。

もはや、上司は伝えるべき「答え」を持っていない場合が多い。

たとえある程度の「答え」を持っていたとしても、上司の経験の中から導かれた答えらしきものは、今日のビジネス環境には適応しなくなっているのである。

昨日、役に立った知識は、今日はもう役に立たない。

昨日、うまくいった方法が、今日もうまくいくとはかぎらない。

昨日、売れた商品も、今日は売れなくなってしまうかもしれない。

それほど環境の変化はすさまじい。だから、今日、求められている人材は、上司の言うことをそのまま吸収しましたという人ではなく、その都度、現場の中で自ら考え、答えを探し、主体的に行動することができるという人である。

このような人材をいかに育てることができるかに、組織の明日への存続がかかっている。

日本を代表する企業であるトヨタ自動車では、今年より課長級の査定評価を、今までの成果主義よりも部下育成に重点を置くことに変更すると発表した。

組織を成長させ、変化に対応させていくためには、主体的に考え、行動できる人材をいちはやく育てなければならないということに、多くの企業は気づきはじめている。とくに、かつて成功していた企業や、伝統ある企業ほど、このことは切実である。

過去の成功、伝統こそが組織の変化対応力にとって、足かせとなっているからである。

では、具体的にどのようにすれば、そうした人材が育つのか――。

それに対する突破口になるのが〝コーチング〟なのである。

▼使えない部下を育てた責任はあなた自身にある！

私は、さまざまな企業、個人に対する研修、コンサルティングを通して、約20年間、ビジネスのさまざまな現場と向きあってきた。

その中で感じることは、最近の若者の意識の変化である。

彼らにとって会社は、生活のための場ではなく、自分のスキルを磨き、自分を成長させるための場なのである。

だから彼らは、転職することにも、あまりためらいがない。バブルの経験がなく、厳しい時代を当たり前のこととしてとらえている彼らには、むしろ甘えがなく、しっかりしている人が多いというのが実感だ。

「自分は何をしたいのか」ということを見つめてきた若者が多く、たとえ給料が高くても、自分に成長が感じられないと、あっさり転職してしまう。逆に、給料が安くても、スキルの向上や成長の実感があると、そこにとどまる。

フリーターという生活スタイルが若者の間に定着したのは、仕事の受け皿が減ったという経済状況だけが理由ではなく、「自分のほんとうにやりたいことは何か」を若者が真剣に探し求めているあらわれでもある。

よく管理職から、「最近の若者にはやる気が感じられない」「指示しないと動かない」「何を考えているのかサッパリわからない」などというグチを聞かせられる。たしかに、若者にそういう面があることは否定しないが、こと組織の中の上司・部下という関係で見るなら、上司が部下の能力を引き出すことをせず、結果的にそうした部下を作り上げてきたという面もたぶんにあるのである。相変わらず自分の過去の経験を押しつけたり、「ああしろ」「こうしろ」と一方通行の指導によって使えない部下ができあがる。だから、こうした部下が増えた責任は、むしろ上司の側にある。

部下は育ちたがっているのである。

上司にとって必要なのは、「指示、命令」というスタンスから、「部下の能力をいかにして引き出すか」というスタンスへとシフトすることなのである。

変わらなければならないのは上司のほうなのだ。

では、どのように変わる必要があるのか——。

それに対する突破口になるのも〝コーチング〟なのである。

▼コーチングを成功させるために必要なこと

「コーチング」とは「相手の自発的な行動を促進させるためのコミュニケーション」である。ビジネスにおいては「部下の無限の可能性を信じ、仕事を任せることによってその持ち味を引き出し、自発的かつ継続的な成長を実現するためのコミュニケーション」ということができる。

このコーチングがアメリカで注目されたのは、不況にあえぎ、何とか経済の再生を図ろうとしていた1980年代の後半である。

その後アメリカは経済の復興を成し遂げていくのであるが、コーチングは従業員のモチベーションを高め、企業の変化対応力に大きく貢献するものとして、その後も広く普及していく。

アメリカを代表する経営者ゼネラル・エレクトリック社（GE）の元会長ジャック・ウェルチも「部下が知らない情報を握っているということによってのみ権威づけされた

ような管理職は、存在意義を失う。今後、管理職に必要になるのは、コーチとしての資質である。部下のエネルギーを引き出す力を備えなければならない」（『日経ビジネス』より）と語っている。

アメリカから遅れること10年、長い不況からの脱出を模索する日本でも、コーチングを人材育成の新しい手法として取り入れる企業が急速に増えている。

コーチングを支える哲学に「人は誰でも無限の可能性を持っている」という人間観がある。

コーチングを成功させるためには、あなたがどこまで部下の可能性を信じることができるかにかかっている。「自分が一番正しい」と思っているうちは、いくらコーチングの手法を身につけたとしても、それは机上のテクニックに終わってしまう。

あなたが部下に「ついていきたい」と言わせ、会社にとっても「必要だ」と思わせる上司になるためには、上司の側に意識の改革が必要である。すなわち、

◇部下を信頼できる上司へ
◇部下を認めることのできる上司へ
◇部下から教わる上司へ

◇部下に任せられる上司へ
◇部下を理解する上司へ

と、変わらなければならない。あなたの意識がこのように変わったとき、すでにあなたはコーチングの達人なのである。

本書は、これからの管理職のあり方を示し、あなたをコーチとしての資質を身につけた上司へと変えていくためには何が必要かを明らかにしている。

ご参考にしていただいて、部下の能力を十分に引き出し、信頼される上司になってほしい。

1章

教えるから部下は育たない

——部下を信頼する

▼こんな部下指導をしていないか

◉君は言われたとおりにやればいいんだ!

上司「君、ちょっと来たまえ」
部下「はい、何でしょう」
上司「この3か月、君は予算目標に対して平均70%しかやっていないね」
部下「ええ、すいません」
上司「すいませんと言われても困るんだよ。だいたい、こんな不況の時代、死ぬ気でやるくらいの気構えがないと、成果なんてあがらないんだよ。やる気あるのかね」
部下「ええ」
上司「私が言ったようにやっているのか」
部下「はい」
上司「今日は、何社まわってくるんだ?」
部下「A社とB社に行くつもりです」

上司「2社だけなのか」
部下「ええ」
上司「ええって、それで成果が出るわけないだろう。1日最低5社は、まわれって口をすっぱくして言っているだろう。何を聞いているんだ」
部下「でも、ただ数だけまわっても、なかなか話を聞いてもらえませんよ」
上司「つべこべ言うな。君は言われたとおりにやればいいんだ。言われたことすらできないで、成果があがるわけないだろう。A社には何をもっていくんだ?」
部下「企画書をつくって持っていくつもりです」
上司「見せてみろ」
部下「まだ途中なんですけど…」
上司「いいから…。ポイントの絞り方がこれじゃ甘いよ。見出しをもっと大きくして。うちのシステムの有効性を1ページ目にもってきて強調するんだ。3ページ目には業界のグラフを入れよう。予算はもっと多目にしておいたほうがいい。まったく何度、教えたらわかるんだ。同じことを何度も言わせるなよ。とにかく、言われたとおりにやってくれ。つくったら、すぐ持ってこい」
部下「はあ」

●部下を自分の型にはめ込んでいないか？

ここで上司は、まったく部下のアイデアを引き出そうとしていない。ただ頭ごなしに、「言われたとおりにやれ」と言うばかりだ。これでは部下はやる気を失ってしまうばかりか、自分では考えようとはしない指示待ち族になるだけだ。

もし上司が、これだけ「答え」がわかっているんだったら、自分でやればいいのである。

自分でもできないのに部下にやらせ、ただ責めるだけでは、何の解決策も生まれない。部下は、自分がまったく信頼されていないと感じるだろう。信頼されていないと感じる部下が、力を発揮するわけがないのである。

上司が部下を信頼すると、部下も上司に信頼でかえそうとする。部下をやる気にさせる第一歩は、部下を信頼することだ。教えすぎる上司、部下を自分の型にはめこもうとする上司の下で、部下は育たない。

さらに、この上司は、部下を「何を聞いているんだ」「これじゃ甘い」「何度教えたらわかるんだ」「同じことを何度も言わせるな」とさんざん責めている。

しかし、人は責めても変わらないことを上司は知るべきだ。

責められても人は、自分を守ろうとするだけだ。場合によっては、命がけで自分を守るため、責めるものを払いのけようとする。これでは「行動の改善」という上司の欲しい成果は、手に入らない。

【教訓】いくら責めても部下は変わらない

「教える」ことで部下はダメになる

部下を育てることのできない上司は、すぐに部下を教えようとする。細かいところまで指示を出し、部下をそのとおりに動かそうとするのである。自ら考えない自主性のない部下をつくっているようなものだ。

部下にとってみると、つい指示待ちになってしまい、自らの独創性や想像力を発揮する場がない。まして、指示され、教えられたことを、そのとおりにやったところで、何の喜びもない。仕事というのは、困難な壁に突きあたり、そこを自らの工夫と知恵で乗りこえてゆくからこそ、感動や喜こび、そして成長があるのだ。

このような上司は、自分だけが、いつも忙しい思いをしている。このような上司にかぎって「うちは部下が育たない」と表面上は嘆いているが、その実、内心では「やはり自分がいなければ駄目なんだ」と自己満足にひたっているのである。単に自分自身の存在感を証明したいに過ぎない。

しかしこうした上司は、いつか疲れ果ててしまい、場合によっては体を壊してしまうことにさえなりかねない。部下は育たず、自分は疲れるだけ。部下にとっても、上司にとっても、会社にとっても良いことは何もない。

部下を本当に育てようと思ったら、教えてはいけない。教えないからこそ、部下は育つのである。

もちろん、多くの上司は悪意で部下に教えたり指示を出しているわけではなく、部下に失敗させまいとして行なっている。だからこそ余計に始末が悪い。

青木君は、営業部に配属になり5年になる中堅である。

彼の上司は実に几帳面で、彼に一つひとつの案件のプロセスについて報告を求め、細部にわたって指示を出す。時には、青木くんに任せておきながら、クロージングの部分を自分でやってしまったりする。

それは、青木君が、まだ仕事が未熟だからというわけではなく、誰に対してもそうなのである。青木君はだんだん仕事に対する興味を失いかけている。

三度の三冠王に輝いた元プロ野球選手の落合博満氏は、著書『コーチング』の中で、「指導者は教えるものではない。見ているだけでいいのだ」と断言している。

「その選手にはその選手なりの良い部分がある。だから指導者はその良い部分は何かを見極めて、頭の中に叩き込んでおけばいい。そのためには、何が良くて、何が悪いかを分析する能力がなければならない。そして、選手が、『わからないから教えて下さい』と言ってきた時に事細かく説明してやれる。それができるかできないかが、良いコーチ、悪いコーチの基準だと思えるのだ」と書いている。

野球とビジネスという違いはあるが、「人を育てる」という点では共通である。教えることによって部下のやる気や自主性をつぶしてしまい、教えないことによって部下は育つのである。

◆教えないから、部下は育つ

――部下を育てる実践的コーチング術①――

上司の仕事は〝我慢業〟

私は約20年ほど、研修コンサルタント会社を経営してきた。さまざまな公開研修、管理職研修が中心である。その間、約二十名近くの研修講師を育ててきた。

私の講師の育て方は、徹底した現場主義だ。まず、現場でマネジャーとして成果をあげている者から登用する。マネジャーとして、部下育成、目標管理、営業等で成果をあげることが条件となる。講師は人前で話し、質問をし、聴き、受講者に気づく機会を与え、人を育てるのが仕事である。

自らが、マネジャーとしての実績がないと、どんなに見事なプレゼンテーションも、受講者の心に響かない。

次にこの社員を講師に育てると決めたら、会場の整理、研修室の掃除、資料の用意、後かたづけなど、オペレーションの部分を徹底してやってもらう。こうすることで、知らず識らずのうちに、受講者に対する感謝の気持ちや、派遣会社の期待、研修全体の仕組みなどを感じとっていくのである。

それと併行して、同じ研修に何度もオブザーブさせ、先輩講師の講師ぶりを見てもらう。そして、いよいよデビューとなるわけであるが、「ああしろ」「こうしろ」とはほとんど言わない。まずできるというところからやってもらう。

一方の私は、彼らの研修を、ただ聞き、見ているのであるが、これが、実に辛い。「なんという言い方をしているんだ」「ポイントが違うだろう」「説明が抜けている」などなど胃が痛くなってくるほどである。

以前は途中でよくジャンプインした。すなわち、横から割って入って「これはこういうことです」と話し始めるのである。

しかし、これをやると、やられたほうは、たまらない。そのあとは、話し方にも力が込もらず、何となくオドオドして、受講者に対してよりも、私のほうを気にし、私の評価に対して話し始める。研修としては、エネルギーが低く、盛り上りにも欠け、気づきの低いものになってしまう。今まで、何度かやってきて、良い結果になったことは一度もなかった。

講師も、誰かの真似をしているうちは、受講者に熱意が伝わらない。そこから抜け出して、自分らしさが出てくると本物だ。

「こうしろ」「ああしろ」とアドバイスを送るのは簡単だ。しかし、これはあくまでも育てる側の論理だ。

育てられる側が自分らしさを出すのは、自分でやるしかない。育てる側が「こうすることがあなたらしい」と言ってみたところで、そのことに本人が気づいていなければ決してそうはならない。

人を育てるのに近道はない。促成栽培のようにはいかないのである。

本人が気づくまで、じっと待つ忍耐が必要だ。

つい教えてしまったり、「俺がやる」としゃしゃり出たくなる。そのほうが、はるかに楽であり、結果も早く出る。しかし、これを繰り返すと人は育たない。はやる気持ちを押えて我慢することだ。

そうすれば部下は勝手に育っていく。

――部下を育てる実践的コーチング術②――

◆自ら気づくのを待つ

仕事のできない上司に部下はついていく

自分は仕事ができると思っている上司ほど、部下を育てることが下手である。自分が一番正しく、一番仕事ができると思っているから、何にでも口出しをし、結局全部自分でやってしまう。部下を信頼し、部下に任せることができない。

部下からみると、上司から信頼されていないということになる。「信頼されていない」と感じている部下が、イキイキと良い仕事をするわけがない。

なぜ部下を信頼することができないのか——。それは、部下の能力を認め、受け入れることができないからだ。

部下を信頼し、部下に任せてみると、実は、部下のほうが大きな成果を挙げるかも知れないのに、それができないのである。

こういう上司は、結局すべてを自分でやらないと不安になる。自分がやったほうが効率的にできると思っているので、最後には何でもかんでも自分でやってしまい、自分だけが忙しい思いをし、部下も育たないという悪循環にはまってしまうのである。

私は研修やコンサルティングで毎月二〇〇人から三〇〇人の経営者や管理職の方にお会いするが、このようなサイクルにはまりこんでいる人が実に多い。自分は仕事ができると自信を持っている人ほど、その傾向が強い。

とくに最近、どこの会社もできるだけ階層をなくし、組織のフラット化をすすめている。より迅速にかつ効率的に情報の伝達を図る必要があるからだ。こうなると、勢い、プレーイングマネジャーが増えてくる。プレーイングマネジャーは、たいてい自分自身の業務目標と組織目標の二つの目標を持っている。

自分は仕事ができると自負心を持っている上司は、自分自身の目標は何とか達成するが、課や部、あるいはチームとしての組織目標を達成することができない。部下を信頼せず、部下に任せず、部下を育てていないからだ。

そして、「俺はやると言ったことはやっているのに、なぜ君たちはできないのか」と、あらゆることに口出しを始めるのである。

上司の本来の仕事は、自分で「売る」ことでも、自分で「つくる」ことでもない。売れる人、つくれる人を「育てる」ことである。

目標達成という観点からいえば、組織目標の達成のほうが、はるかに大切だ。上司が個人の目標だけを達成しても、組織目標を達成できなければ、会社は存続できないからだ。

これに対し、自分は仕事ができないと思っている上司は、人を使って売らせ、人を使ってつくらせるのが上手い。部下の能力を認め、受け入れるからである。結果として、課または部としての組織目標を達成することができる。

部下は自分が信頼されていると感じると大きな力を発揮する。そして、その結果が自信につながり、育ってゆくのである。

――部下を育てる実践的コーチング術③――

◆部下を信頼し、部下の力を引き出す

下手なアドバイスは百害あって一利なし

私はゴルフが好きで、練習場にもよく行く。練習場に行くと常連のオジさんたちがいて、よく人のスウィングを後ろでジッと見ている。「あ、どうも」と挨拶をするや最後、「ちょっと、いいですか」と近づいてきて、様々なアドバイスをしてくれる。

「ひねりが浅い。もっと肩をまわして」

「振りが少しタテ振りになっている。もう少し、フラットにしたほうがいい」

「右足のかかとはインパクトまで地面につけていたほうが、ボールは真っすぐ飛ぶ」

云々。そのアドバイス直後に、たまたま良いボールを打とうものなら、ニンマリと自己満足の微笑を浮かべながら、

「ねっ、今度からそうしたほうがいいよ」

と得意満面である。そして、次の時もまたその次の時も、アドバイスの嵐である。

私の経験では、アドバイスされてアドバイスどおりにできたと感じたことはほとんどないし、また、それがスコアメイクにつながったと感じたこともない。せいぜいそれま

で何年もかかってつくってきたフォームがバラバラになって終りである。

自分で練習し、自分で本やビデオを見、また上手い人のフォームを盗んで、何度も試したものこそが自然と身についていく。

ゴルフ練習場は、アドバイス病の人たちの集まりである。注意しないとすぐに感染してしまう。

日本アマで通算六度の優勝などアマチュアの最高峰をきわめた中部銀次郎氏は、「素人が素人に教えることで、多くの能力のあるゴルファーがつぶされていく。下手なアドバイスを聞いてはいけない」と言っている。

ビジネスの世界にも、すぐアドバイスをし、それが、部下を育てる最良の方法であると勘違いしている上司がいる。

アドバイスを与えると、部下は必ず次のアドバイスを求めてくる。すなわち部下を受身にするわけだ。アドバイスを与え続けられると、能動的に仕事にとりくまなくなる。上司にとっては、自己満足に浸れるだろうが、もしその上司が他の部署に移ったら、その部下は、新しい上司に、また一から教えてもらわなければならない。

上司のアドバイスは、あくまでも、上司が経験したことから得た〝上司だけ〟の知恵である。上司とは、経験も感性も、考え方も能力も違う部下に、そっくりそのままあてはまるはずがない。

大切なことは、部下にアドバイスを送ることではなく〝ヒント〟だけを与えることだ。すなわち「こうしろ」「ああするべきだ」といった答えを与えるのではなく、「こういう観点から見てみたらどうなるか」とか「視点を変えたらどうなるか」など、示唆を与えるのにとどめるのである。ヒントをもらって、自分で考え、自分で答えを出すことで、部下は自分の持ち味にあった仕事のやり方を身につけていくのである。

人から「答え」をもらうことほど楽なことはない。だから、たいていは、応用がきかない。ビジネスの世界は、無数の出来事が、複雑にからまっており、まったく同じ出来事が、二度生じるということなどほとんどない。アドバイスばかりもらって育ってきた部下は、何かあるごとに、アドバイスを求めないと対応できなくなる。

部下にヒントを与えるにとどめることができたら、あなたは「プロの上司」である。

――部下を育てる実践的コーチング術④――

◆ヒントにとどめることができたら、あなたもプロの上司

考え、悩ませ、さらに考えさせる

「よく考えろ！」とは、上司がよく使う言葉である。部下に考えさせることは部下の成長を促すうえできわめて大切だ。上司は、部下に考える機会を実際につくってやらなければならない。

しかし、多くの上司は、部下に何か聞かれると、すぐ答えを与えてしまう。

得々と、答えを与えたあとで「このくらいのこと、少し考えればわかるだろう。これからは、よく考えるんだな」と伝える。答えを与えられた部下は、必ずまた答えをもらいに来る。すると上司は、また答えを与え、最後に「考えろ」と繰り返すのである。このような不毛な繰り返しが、日々、どれだけ行なわれていることか。

「考えろ」と言うからには、本当に部下に考えさせないといけない。考えるプロセスで、部下は育つのである。

上司が答えを与えても、その時は、うまくいっても、その場かぎりのことである。

「どうしたらよいですか」

と意見を求めてくる部下は多い。本当に部下を育てようと思ったら、時には、

「君ならどうするんだ？」

と突き放してみよう。たしかに部下にしてみると、どうしてよいかわからないから、聞きに来たということになるだろう。

しかし、上司としては、もう一歩深く部下に考えさせることが必要だ。

安易に答えを与えないという姿勢が大切なのである。だから「まず、君の考えを持ってきたら、私も言おう」というくらいの態度で臨むことだ。

部下からすると「あの人に聞きに行くと、必ず自分の考えをまず聞かれる」と思われるくらいが、ちょうどよいのである。

「もうダメです。万策尽きました」

と部下が言ってきても、額面どおりに受けとってはいけない。ビジネスは、そこからが勝負だ。そこから、さらに考えさせ、悩ませることが大切なのである。

上司の仕事は、部下に、いかに考え、実行するための環境をつくるかということだ。考え、実行するのは部下の仕事である。

部下というのは、松下幸之助さんが言うように、会社から一時的に預っている存在な

のである。部下を育て、会社におかえしするのが上司の仕事である。

もし、部下を育てないなら、それは、上司の職務怠慢だ。逆に部下が考え、実行し、育ち、チームに大きく貢献できるようになったら、それは上司の功績でもあるのである。

部下に考えさせ、さらに考えさせることが大切である。「よく考えろ！」という言葉を本当に実行することだ。


―部下を育てる実践的コーチング術⑤―

◆「君ならどうする？」「よく考えろ！」という言葉を実行する

改善テーマ

◉部下との信頼関係を築くために

《ケーススタディ・コーチングの現場より》

梅原課長には、はやく一人立ちさせ、営業所長に育てたい部下が二人いる。山城君は、若いが元気でよく動くし、自分と似ているので、わかりやすく指導もしやすい。一方の宍戸君は、山城君よりも年上で経験もあるが、もの静かで、何を考えてるのかよくわからない。つい元気な山城君と話す機会が多く、宍戸君のことは後まわしになってしまう。

私（筆者）「営業所長に必要な資質は何だと思いますか」

梅原「やっぱり、元気で、まわりを持ち上げたり、時にはしかりつけたり、人を動かす力ですね。皆に気持ちよく働いてもらって成果をつくる。そして、最後は、責任をとる。そのためには、人に好かれる奴じゃないとつとまらないと思うんです。人がすべてですから」

私「そうですか。では山城さんと宍戸さんはどうですか」

梅原「山城君は若いけど、問題ないと思っています。私も相当力を入れて育ててきましたから。怒鳴ったこともありましたけどね。よくついてきました。宍戸君は（間がある）、いや、いい奴なんですけどね。よくやっています。ただよくわからないので、今一つ信頼できないんです」

私「お互いのタイプが違うんですね」

梅原「山城君は私と似ているところがありまして、気持ちが通じるのですが、宍戸君はあまり話をしてくれないんです。どちらかというと、少し内向的なところがあります」

私「山城さんはあなたと似ている。だから、安心だし信頼もできる。宍戸さんは、あなたと似ていない。だからよくわからないので、少し不安という感じですか」

梅原「そうですね」

私　「宍戸さんの持ち味、強みは何だと思いますか」
梅原「コツコツやりますね。一人ひとりの所員と、ていねいに話をしているようです。女性のパートさんからも信頼されているようです。ミスが少ないですね。責任感もあると思います」
私　「ずいぶん出てきますね」
梅原「そうですね」
私　「宍戸さんのことも、かなりわかっているのではないですか」
梅原「私と同じでなくても、あいつにはあいつの良さがありますねえ。私と同じようにすることを期待したら、あいつには駄目なのかも知れませんね」
私　「あなたにはあなたの良さ、強みがあるのと同じように、宍戸さんには、宍戸さんの良さ、強みがありますよね」
梅原「たしかに、あいつも、よくやってくれているんですよ」
私　「宍戸さんに、どうなって欲しいのですか」
梅原「あいつにもがんばって、上にいって欲しいんですよ。いやあ、本当に。私が気づいていなかっただけなのかも知れません。うーんたしかにねえ（しきりと、自分の気づきに納得している様子)。タイプが違うので、あいつの良さに気づいていなかったのかなあ」
私「どうしたいですか」
梅原「あいつと一度じっくり話をする時間をとりますよ」
私「そうですか。どんなことを話しますか」
梅原「あいつのいいところを伝えてみますよ。それから、そのいいところを伸ばせと言ってやります」

●要はコミュニケーションの〝量〟が問題なのだ!

上司は部下のことをあまり知らないというのが、私の実感である。

管理職研修で、部下の長所を五つ、改善して欲しい点を五つ書いてくださいという課題を出すことがある。ほとんどの管理職が改善点はすぐ書くが、長所はなかなか書けない。

部下の長所を把握していなくて、どのようにして部下を動機づけようというのだろう。どんな部下でも必ず良い点の一つや二つはあるはずだ。部下を理解するというのは、部下育成の第一歩である。

先日、あるＩＴ関連の会社の社長が、こぼしていた。

「最近の管理職は、部下を知ろうとしない。部下を知らなければ信頼なんて、できっこないのに…。自分は自分、部下は部下と割り切っていて、部下と本気でコミュニケーションをとろうとしない」

しかし、このことは、若い部下にも原因がある。最近の若者には、たとえ上司からといえども、いや、だからこそ、心の内面に踏み込まれたくないという傾向が強い。だから、なかなか本音を語ってくれないし、何を考えているのかわからないところがある。パソコンとは向き合うが、上司とは向き合わない。

たしかに、上司が部下のプライバシーをあれやこれやと詮索し過ぎるのは好ましくない。しかし、仕事上、部下との信頼関係をつくるためには、上司は、たとえプライベートなことでも仕事に影響を及ぼす可能性のある範囲では、部下のことを知らなければならない。たとえば、その部下の通勤時間や家庭のこと、個人的な悩み事などである。

部下とコミュニケーションをしっかりとらなければ、お互いの心理的距離は広がり、さらにわからない状態になるだけである。

私の経験では、自分と相性の合うわかりやすい部下とは、結構、コミュニケーションをとっている。しかし相性の合わない部下とは、思った以上にコミュニケーションをとっていない。だから、ますますわからない。そして、信頼できない、という関係になりがちだ。

相手のことがわかる、わからないというのは、たいていの場合、コミュニケーションの量に比例する。自分の部下をよく思い浮かべてほしい。

だから、部下のことがわからないというのは、部下の責任ではなく、コミュニケーションをとろうとしないあなたの責任だ。

部下を理解、そして信頼し、部下に気持ちよく働いてもらおうと思ったら、部下とのコミュニケーションの量をまず増やしてみることだ。

●コーチングの視点から

部下を信頼する——上司離れ・部下離れのすすめ

コーチングの人間観では「人は誰でも無限の可能性を持っている」と考える。部下を信頼することができなければ、仕事を任せることはできないし、成果を出すこともできない。

たいていの上司は、部下を信頼しなければならないことを頭ではわかっているが、現実的には信頼し、任せるということがなかなかできない。ことあるごとに、口出しをしてしまうのである。部下を子供扱いすることで、部下は「上司離れ」することができず、上司も「部下離れ」することができない。

私の経験では、思いきって部下に仕事を任せると、たいてい上司が期待する以上の結果を生むものだ。上司から信頼されているという思いが部下を力づけるからである。だから部下を信頼するには、上司のほうにも覚悟と、度量が必要である。

信頼し、任せ、そして教えたり、口出しをすることなく見守るのである。部下は、このほうがはるかにやる気になり、早く育つ。

●具体的対策①

信頼し、信頼される関係を築く

上司が部下の能力を十分に引き出し、コーチングが機能するためには、上司の側に「部下を信頼し、あえて教えないという覚悟と度量」が必要である。

しかし、これだけでは不十分で、さらに上司も部下の側から信頼されるということが不可欠である。相互の信頼関係が築かれて、はじめてコーチングが機能する。

上司が部下に信頼され、リーダーシップを発揮し、十分な影響力を与えてゆくことができるためには、次の8要素を日々実践していることが必要となる。これを「リーダーシップを発揮するための効果性の8要素」という。

①明確なビジョンを示す（Have a Clear Vision）

部下が効果的に動き、達成感を体験することができるためには、組織の目的や、方向性が明確でなければならない。

上司は、部下に対して、具体的かつ肯定的なビジョンを示し、それを部下と共有することが、相互信頼、リーダーシップ発揮の出発点となる。

たとえば、広いグランドの中で、ただ「走れ」と言われたら、あなたならどうするだろう。思い切って走る、ゆっくり走る、走り続ける、少しだけ走る、疲れたら休む。要は、どうしたらよいのかわからないはずだ。しかし日業業務の中では、上司は部下にビジョンを明確に示すこともせず、ただ「走れ！」「なぜ走らない！」と命じたり責めることが多い。

「スタートラインはここ」「ゴールはそこ」「何分以内に10周まわれたら乾杯しよう」と明示されて、部下は始めて効果的な行動をとることができるのである。

部下は、誰もが上司の期待どおりの成果をあげたいと思っているものだ。もし、あなたの部下が期待どおりの成果をあげていないとしたら、やる気を引き出すようなゴールを示していない、あなた自身に問題がないか自省してみてはどうだろうか。

さらに上司は、部下に質問をし、時には相談に乗ってやることにより、部下自身のビジョンを明確にさせてやることが必要だ。人は自分のビジョンが明確になればなるほど、自主的に行動し始めるからである。

②正直であれ（Be Honest）

物事を率直に見、伝えることによって信頼を得ることができる。良いことは良い、悪いことは悪いと感じることができ、またそれを伝えられることが必要だ。率直さが尊ばれる職場では、意見の交換が自由になされ、職場の問題発見能力、解決能力が高くなる。そのためには、上司自らが正直でなければならない。自分の非を正直に認めなかったり、部下の成功を自分の手柄にしているようでは、部下の信頼は得られない。

マーケットに対して嘘を言う企業は、消費者からの信頼を失い淘汰されてゆく。

③シェアする（Share）

シェアするとは「分かちあう、共有する、表現する」という意味である。価値観の多様化している現在、以心伝心とか、あうんの呼吸では、自分の思いは伝わらない。影響力を効果的に発揮し、信頼を得るには、表現し、伝えることが必要である。

物事に対して、自分がどう思っているのかを表現し、組織で分かちあうことが大切なのだ。

④冒険のすすめ（Take Riskes）

上司は、必要な時には、リスクをいとわず、冒険することも必要である。

私たちは時として変化に対応したり挑戦したりなければならないことを頭では理解しているが、なかなか行動に移せない。なぜなら変えることへの不安や、失敗することへの恐れが、決意を鈍らせてしまうからだ。

だから上司は、時には自ら意識の中の枠組み（安全ボックス）から抜け出て、冒険することも必要である。

もっとも良くないのは、自ら冒険することはせず、部下に冒険させておきながら、責任をとらないことである。これでは部下の信頼は得られない。

⑤参加100%（Participate 100%）

「いま、ここ」を100%精一杯、全力で取り組むという意味である。

私たちは過ぎ去ったある時点に戻ることはできない。また起こっていない未来に生きることもできない。すなわち、すぎた過去を悔やみ、まだ来ていない未来を恐れていても何も得られない。過去から学び、未来のビジョンを明確にしたら、あとは「いま、ここ」を精一杯生きることである。今、全力でとり組んでいるという姿勢に嘘はない。その姿勢こそが部下に良い影響を与え、信頼関係の源になっていくのである。

⑥当事者意識を持つ（Take　Ownership）

いつも誰かのせいにした生き方をしている人がいる。こんな会社だから…、こんな上司だから…、こんな部下だから…というように、うまくいかないことはすべて人のせいにした他人まかせの人生である。

こんな人は誰からも信頼されない。「自分が源」という当事者意識を持ち、自らの責任で、積極的に行動することが必要だ。

⑦人を援助する（Create Partnership）

組織のトータルパワーを増強するには、人を援助し、貢献するという意識が不可欠である。算術計算にのっとった１＋１＝２よりも結果を大きくするためには、自分だけが良ければいい、自分たち組織だけが良ければいいという考えを改め、他の人や組織を援助することである。営業は企画や工場のせいにし、工場は営業や企画のせいにする。これでは、大きな成果をあげることはできない。ＷＩＮ――ＷＩＮ、すなわちパートナーシップの実践によって、共に勝つという考え方とその取り組みが相互信頼をつくり出すのだ。

⑧必要なことは何でもする（Be Commtted）

私たちは、「自分にはできない、失敗するかも知れない」という会話を絶えず自分の中でやっている。そのようなマイナス思考を捨て「どうしたらできるだろうか、うまくいくだろうか」といったプラス思考で発想し、必要なことは、なんでもするという行動力が、多くの信頼をつくり出す。決してあきらめてはいけないのである。

●具体的対策②

凡事を徹底する

「凡事」とは平凡なこと、すなわち、当たり前のことである。私たちが、日常生活の中で、行なわれて当たり前、守られて当たり前と思われることを実践するのは、意外と難しい。しかし、職場の成果というのは、この当たり前のことが、当たり前に実践されてゆくことからつくられていく。上司は部下に「やれ」という前に、自ら実践しているかどうかを謙虚に見つめ直してみなければならない。当たり前のこともできない上司が、部下からの信頼を得られるはずがないのである。

たとえば「挨拶」――。

「おはようございます」と、どれだけ明るく大きな声で挨拶をしているだろうか。

挨拶とは、「人間関係と信頼関係をつくるための、最初にして、最大の手段」と私は定義している。元気な挨拶は、職場を明るくする。職場に血が通いはじめるのである。

私は新入社員研修で、「挨拶」の重要性を説き、何度も練習をさせたりするが、一方で、むなしい気持ちもイヤというほど体験してきた。彼らが学生気分を捨てて、「よし挨拶からしっかり始めよう」と意気込んで職場に戻っても、その決意は2～3日で萎えてしまうことが多いからだ。

なぜなら彼らの上司が、ほとんど「挨拶」をしないのである。部下には挨拶をしっかりしろというが、自らはしない。これではほんとうの意味での信頼関係は築けない。

たとえば時間を守ること――。

「遅刻するなよ」と部下に言っているそばから、自ら遅刻し言い訳をするようでは、部下からの信頼を得ることはできない。

会社でいうなら納期を守ること。納期を徹底して守ることにしただけで、売上げを大幅に伸ばした会社がある。

たとえば清掃――。

オフィスやトイレが清潔であることが、そこにいる人たちの心の安定をつくり出す。上司は自ら率先して掃除をすること。イヤなことは部下に任せてばかりではいけない。

こうした当たり前のことをしっかり実践する人を部下は信頼するのである。

◎1章のまとめ

1）「教える」ことで、部下の創造性や現像力を奪い、自ら考えない自主性のない部下をつくってしまう。
2）部下を本気で育てようと思ったら、部下が自ら“気づく”のを待つという我慢が必要だ。
3）部下の能力を認め、受け入れてくれる上司に部下はついていく。
4）下手な“アドバイス”は部下を受身にするだけ。アドバイスではなく“ヒント”を与え、部下に考えさせることで部下は育つ。
5）「万策つきました」と部下が言ってきたとしても、そこからさらに考えさせることが重要。
6）コーチングを機能させるためには、どうしたら部下との相互信頼の関係をつくることができるかを学ばなければならない。

2章

部下の〝やる気〟に火をつける

——部下を承認する

◉同僚の○○君を見てみろ！

上司「A社との契約の件はどうなっている？」
部下「すいません。うまくいっていないんです」
上司「何をやっているんだ。話が違うじゃないか」
部下「ええ」
上司「どういうことなんだ？」
部下「先方さんの業績が急激に悪化してきて、それどころじゃないっていうんですよ」
上司「そんなことわかっている。それで君は、どういう手を打ったんだ？」
部下「それがいろいろやってみたんですが、なかなかいい手が見つからないんです」
上司「そんなことだからダメなんだよ。だいたい君は、手を打つのが遅すぎる。もう少し、早めに成約にこぎつけることができたはずじゃないか。何度、同じことを言わせたら気が済むんだ」
部下「でも、ちょっと予測できなかったんです」
上司「言い訳するんじゃない。同僚のA君を見てみろ。毎月売上げを達成しているじゃないか」
部下「……」
上司「君はやはり、営業には向いていないのかね。考え直さなければいけないね」

●部下を他人と比較していないか?

このやりとりで、部下のやる気は少しでも高まっているだろうか。結果はだんだんと追いつめられ、殻に閉じ込もってしまっているだけだ。この上司の関わり方は、ただ部下を責めるだけで、「いろいろやってみたこと」に対する承認も、一緒に原因を究明しようという姿勢も見られない。

とくにこの上司はしてはいけないことを三つやっている。

一つ目は、「言い訳するんじゃない」と、即座に、部下の言葉を否定していることである。部下の気持ちに一定の理解を示さないと、この部下は、二度とこの上司に、心を開かないだろう。部下を言い訳に追い込んでいるのは、上司自身の関わり方であることに気づいていない。

二つ目は、他人と比較していることである。人は他人と比較されるのが、一番辛い。その人と自分とはまったく別な人格だからである。売上げという点では、同僚のA君のほうがまさっているかもしれないが、比較されると、自分のすべてが劣っているように感じてしまう。上司は部下がいかに「欠けているか」を証明するために、よく他人との比較を行なうが、部下の反感を買うだけだ。その部下自身にもっと目を向けなければならない。

三つ目は、部下に追い討ちをかけていることである。仕事が、うまくいかないとき、もっとも苦しく、会社に申し訳ないと考えているのは、部下自身である。

にもかかわらず「営業には向いていない」と、能力そのものを疑うような発言している。これでは次に挽回しようという気にさえなれない。言ってはいけない言葉だ。

【教訓】上司の不用意なひとことが部下のやる気を失わせる

部下を叱ることをやめる

多くの上司は、部下は叱ったほうが育つと考えている。

「いつになったらわかるんだ！」

「この前、教えただろう！」

「何度も、同じことを言わせるな！」

しかし、叱られることによって部下がやる気になるということはほとんどない。むしろ、たいていの場合、自分を萎縮させるだけだ。『1分間マネジャー』で有名な、ケン・ブランチャード博士は「多くの管理者は、人が間違ったことを行なった場合、それを見逃さないことは得意である。しかし、人材育成の鍵は、人が正しいことを行なえば、それを認めることだ」と言い切り、「正しい行動とは、おおむね正しい一連の行動の積み重ねである」と言っている。

先に私は管理職研修で、自分の部下一人ひとりについて「長所」「改善点」を書いてくださいという課題を出すことがあると述べた。すると、「改善点」はたちまち書きあげるが、「長所」になるとハタとペンが止ってしまい、二つ三つ書くのにも苦労する人がいる。と同時に、最近1週間で、部下を「褒めたこと」を書いてくださいというと、これもほとんど出てこない。

あるシステム開発の会社に勤める大川さんは、入社10年目。中堅である。しかし彼は、現在、長年勤めたこの会社を辞めようと考えている。彼はこの半年間、成約件数がゼロ。この会社は昨年から業積が悪化しはじめ、社内もピリピリしており、彼の上司も、いつも苛立っている。大川さんは、この半年間、上司にほめられた記憶がない。

「やる気があるのか」

「訪問時間が長すぎる」

「企画書のツメが甘い」

「営業として、恥ずかしいと思わないのか」

あげ句の果てには、

「いつ辞めてもいいんだぞ」

と脅しをかけられる始末。今や、彼はすっかり落ち込み、自信を失っているのである。

成果があがらない時ほど、上司はじっくりと腰を据え、部下の良い面に目を向け、相談に乗ってあげなければならない。欠点を叩いたからといって、それで良くなるものではない。事態はたいてい悪化するのがオチである。部下の欠点しか見えなくなったら、むしろ自分自身が余裕をなくしている証拠と自戒すべきだ。

大川さんは、もともと技術畑から、営業に配転になった人である。当初、不安で一杯だった時、最初の上司に「今、必要なのは技術に詳しい営業マンだ。君を待っていたんだ」といわれ、大いに発憤したのである。この上司は、ことあるごとにタイミングよくほめてくれ、彼は、大きな成果をつくり続けた。

しかし、1年ほど前に変った今の上司は、ほとんどほめない。そればかりか、ほんの小さなことに対してもすぐ叱る。時には、声を荒げることもある。そのため、部署全体がいつも重い空気に支配されている。

「会社に行くのが辛いです。朝、会社に近づくと足が重くなるのです」と彼は訴えるのである。

「叱る」ことは簡単だ。多くの管理職は、叱って事足れりとしている。「叱る」ことの効用もたしかにある。ミスや失敗をしたとき、その場で注意しないと、ミスに気づかず、その失敗が次回に生かされることがないからだ。しかし「叱る」ことは、よほどうまくやらないと、本人および組織に対するリスクが大きい。やみくもに「叱る」だけでは、失敗を恐れて挑戦する意欲を失わせてしまう。むしろ、部下をやる気にさせるという観点からは、「ほめる」だけにして叱ることは極力止めるべきである。

「叱ることを止める」と決めると、それまでの部下の違った面が見えはじめる。どんな部下にも「良い点」は必ずあるものである。

―部下をやる気にさせる実践的コーチング術①―

◆「叱らない」部下育成に目を向けてみる

部下の失敗をあえて許す

部下が失敗をしたら、叱りたくなるのが人情だ。

「何やっているんだ」

「あれほど言っただろう」

「もういい、君には任せない」

仕事のできる上司ほど、部下の失敗に厳しい。こういう上司のもとでは、部下はのびのびと仕事ができない。

もし、一回の失敗でも許されないとしたら、ビクビクしてしまい、思う存分、力を発揮することはできない。

部下の立場に立ってみよう。

失敗した時、部下の心の中では何が起きているだろうか——。きっと、悔しさ、情けなさ、自信喪失、後悔、言い訳、反省、自分に対する励まし、などなど様々なことが次から次へと起きてくる。

まさに、このプロセスこそが、部下を成長させるのである。失敗のない人生などありえない。この辛い思いをのりこえて徐々にプロになっていくのである。

私自身の体験をふりかえってみても、失敗した時こそ、自分を見つめる機会となった。講師としてのかけ出しの頃、ある建設会社の管理職研修で、質問攻めにあった。

「リーダーシップとマネジメントとの違いは?」

「X理論とY理論の背景は何ですか」

などなど。最初は、キチッと答えていたのであるが、そのうち、まったくわからない質問が続いた。答えなければ講師の恥とばかりに、いくつか適当に答えてしまった。そのうち、イライラがつのり「そんなこともわからないんですか?」とやってしまった。

研修修了後のアンケートは散々。「勉強不足」「生意気だ」「同僚には推めない」などなど。その会社の研修講師から即座に、はずされたことはいうまでもない。

しかし、この時ほど、自分を深く見つめたことはなかった。

いかに勉強不足で未熟であったか、いかに謙虚さが足りなかったか――。私にとっては忘れられない辛い体験であったが、後になってふりかえってみると、うまくいった体験よりも、はるかに自分を成長させたことは間違いない。

部下を本気で育てようとするなら、部下の失敗を、あえて許すことも必要だ。上司は、彼がはい上がってくるまでじっと待つのである。

ビジネスで大切なことは、挑戦してみることである。挑戦には、時には失敗がつきまとう。大切なのは、その後である。その失敗を失敗のままにしてしまうか、それともなにがしかの教訓をつかみ、次の挑戦に生かすのか。

その失敗が、次の成功のために生かされるのなら、その失敗は、失敗ではなく、次の成功への単なるステップにすぎないということになる。

部下に、失敗を恐れさせてはいけない。挑戦もしないで、逃がしてしまうチャンスこそ恐れなければならない。

しかし、このためには、部下のほうにも覚悟が必要である。何度もチャンスはあるという気持ちで、仕事に取り組む部下は成長しない。失敗を許されるのは一度だけだ、という厳しい姿勢で、仕事に臨む必要がある。

——部下をやる気にさせる実践的コーチング術②——

◆失敗を資産として生かす

部下のチャレンジを最後まで支援する

ビジネスは、結果責任である。しかし、結果だけで部下の仕事を判断すると、応々にして、減点主義になりがちである。一点足りなくても、叱ろうと思えば叱ることはできる。しかし、このような減点主義では、未知の世界に、積極的にチャレンジしようとする部下は育たない。

私の経験では、たいていの上司は、部下に「チャレンジしろ」「冒険せよ」と決まりきったように言うが、評価は結果だけを見て行なっている。

これでは、部下のチャレンジ精神は育たない。人間、誰しも、安全でありたいし、慣れた、やさしい仕事をしているほうが楽である。

もし、部下にチャレンジさせ、リスクある行動に向けて、一歩踏み出させようとするなら、次のようなはっきりとした評価基準を持つべきである。評価の高い順から、

① 新しいことにチャレンジして成果をつくった

② 新しいことにチャレンジしたが、残念ながら成果が出なかった

③　通常の業務は、とどこおりなくこなしているが、チャレンジはしなかった

このことを部下にあらかじめ伝えておくのである。もちろん、うまくいかなかった時の責任は、上司がすべてとるという前提つきで。新しいことにチャレンジさせようとするとき、決して部下に結果責任を負わせてはならない。結果責任をとるのは上司の仕事である。そして、たとえ成果をつくらなかったとしても、チャレンジしたことを承認するくらいの懐の深さがないと部下のやる気は生まれない。

私は、はじめて一人で管理職研修を担当した時のことを今でも忘れない。今から十余年前、35歳の時である。

当時、私が勤務していた、大手研修会社の法人事業部の部長をしていた韮原光雄氏より「やってみろ」と任されたのである。東京郵政局の課長研修であった。当時、東京郵政局は、会社にとっても大口取引先であったので、駆け出しの私に任せることは、大きなリスクであったはずである。しかし韮原氏はそのことには触れず「情熱を持って楽しんでやれば大丈夫。責任は俺がとる」と私を励まし送り出してくれたのである。

前日はよく眠れなかった。参加者が、途中で帰ってしまう夢も見た。研修当日、人事の人に紹介されて参加者の前に立った時、のどがカラカラに乾いていた。

よほど意気込んでいたのだろう。第一声の「おはようございます」の声が、自分でもビックリするくらい大きかったのを覚えている。

研修修了後、韮原氏は、心から私をほめてくれたのである。彼の言った言葉を詳しくは覚えていないが、「とても良い結果だったですよ」と言ってくれた時の彼の目、そして私の嬉しさと、感動の気持ちは、はっきりと記憶にある。この嬉しさがバネとなって、私も研修、人材育成という仕事に入ってゆくことができたのである。

上司は、どうしても、リスクを計算してしまう。そして、部下にチャレンジさせない。しかし、これでは、部下のチャレンジ精神を失わせてしまう。

新しいことにチャレンジすることは、リスクでもあり、莫大なエネルギーを必要とする。そこで部下をやる気にさせるためには、チャレンジそのものを支援し、たとえ失敗したとしても、そのことを認めることが必要だ。部下は、チャレンジと失敗を通して、本当の仕事の面白さを学んでいくのである。

——部下をやる気にさせる実践的コーチング術③——

◆「チャレンジそのこと自体」を承認する

部下の欠点を直してはいけない

多くの上司は、部下の欠点を見つけるのは得意である。そして、その欠点を直そうと膨大なエネルギーと時間を使う。研修をしていて、時々受ける相談が、「部下の欠点をどのように直したらよいか」というものである。

そういう時、私はその上司に、次のように質問をすることにしている。

「その部下の長所は何だと思いますか」――。たいてい適切な答えが返ってこない。

私の今までの経験では、部下の欠点を直そうとして「直った！」と感じたことはない。せいぜい、そのことに疲れ果ててしまうだけではなく、部下の貴重な長所まで、失わせてしまうことになりかねない。

以前、私の部下に、ほとんど営業に出ない営業マンがいた。彼は、朝礼が終わると、午前中、ずっと机に座っているのである。よく見ると、資料に目を通したり、調べものをしたりしているが、一向にアポイントをとろうとしない。

私は彼にいつもイライラしていた。何とか営業に出させようと一緒に連れ出したり、約束をとりつけたり、あるいは何度、叱ったかわからない。人と会うのが苦手という彼の性格を何とかして直そうとしたのである。ときに彼は、仕方なく営業に出てゆくが、成果があがるはずもなく、暗い顔をして、オフィスに戻ってくると、その暗い顔に、またイライラしてしまうのである。

ある時、上司からアドバイスを受けて、私は彼を営業の一線からはずし、営業の企画にまわした。すると彼は、イキイキと本領を発揮しはじめたのである。

彼の作る研修企画書は、あらゆる分析の上につくりあげられており、的を得ていてすばらしいのである。それだけではなく、電話によるフォローも的確で、管理職に対してだけ行なわれるはずの研修が、中堅社員研修、場合によっては、新入社員研修へと拡がっていったのである。

オリックスの仰木元監督の評価が高まっている。彼が育てたイチロー選手と野茂投手がメジャーリーグで大活躍しているからだ。他の監督だったら、彼らのフォームは即刻直されたかも知れない。

しかし、仰木監督は彼らを枠にはめようとしなかった。むしろ、あの常識外れのフォームを個性として捉え、伸ばす方向に持っていったのである。その結果、誰もマネのできない、振子打法、トルネード投法が完成したのである。

「角を矯《た》めて牛を殺す」という言葉がある。「矯める」とは、延ばしたり曲げたりすることだ。牛の角は危険だからと矯めると、牛の個性をも殺してしまう、すなわち個性を奪ってはいけないということだ。

上司の仕事は、部下の持ち味を発見し、それを伸ばしてあげることである。

仕事の遅い部下も、遅いのは欠点ではなく、人より慎重で緻密という持ち味かも知れない。うっかりミスをする部下も、いろいろなことに好奇心が旺盛なのかも知れない。

欠点を直すのではなく、その欠点と感じられていることすら、その部下の持ち味、長所と考えてみてはどうだろう。きっと、部下が輝いて見えるはずだ。

——部下をやる気にさせる実践的コーチング術④——

◆部下の〝持ち味〟を伸ばす

改善テーマ

◉部下のやる気を引き出すために

《ケーススタディ・コーチングの現場より》

山田所長は伸び悩んでいる営業所に昨年配属になった。上役からは「何としても結果をつくれ」と言われ続けている。

半年間、部下に対して結果をつくれと指示命令。毎日、怒鳴りまくってきた。そして何とか結果をつくり、前任者のときよりも営業成績が伸びた。

しかし、部下は怖がってビクビクしている。このままでは先が続かないことはわかっている。それでも自分のスタイルは変えられない。

一回目のコーチングの時、「コーチングなんて嫌いです」とはっきり、きっぱりと言いきってきた。

山田「私、コーチングは嫌いですから」
私（筆者）「何かあったんですか」
山田「今年から社内でコーチングが取り入れられて、社内コーチに毎回『部下をほめてください』と言われ続けているんですよ。ウンザリです。自分は部下をほめるなんて、照れくさくてできません。こんなんじゃ、だめでしょ。俺なんか」
私「そんなことありません。それでいいですよ」
山田「えっ」
私「今まで、部下にどのように接してきたのですか」
山田「この一年間、成績を伸ばすために必死ですよ。結果をつくれと怒鳴りまくり、カーッとなって机を蹴っ飛ばしたこともありますよ」
私「そんな山田さんに部下はどう感じていると思いますか」
山田「ビクビクしていますね。誰も話しかけてきませんから。俺、嫌われてます。でも甘いことなんて言ってられませんよ。仕事ですから」
私「山田さんの、その頑張りで、営業成績を伸ばしてきたんですね。前任者より成績を伸ばしているのですから、このままでよいのではありませんか」

山田「いえ、そうでもないんです。このままだと所内がギスギスしていて、長続きしないように思うんです」

私「どういう営業所にしたいのですか」

山田「もう少し声が出ていて、元気にしたいんですよ。ホント、皆、暗いんです」

私「部下に対して、どう思っているんですか」

山田「あいつら、一日中、時間に終われながら一〇〇件も配達しているんです。緊張のしっ放しで、大変なんですよ。みんな、クタクタになって帰ってくるんですから。よくやっていると思いますよ」

私「山田さんが、部下に対してそんなふうに思っていることを、部下は知っているんですか」

山田「いや、知らないと思いますよ。陰で『鬼の山田』って、言われていますから」

私「山田さんの、その気持ちを部下の方が知ったとしたら、どうですか」

山田「……」

私　「部下にとっては、上司である鬼の山田さんが、実は自分たちのことを認めてくれていると知ったら、どんな気持ちだと思いますか」
山田「ほめろということですか」
私　「ほめる必要はありません。ただ感じていることを、伝えるだけです」
山田「はあ」
私　「山田さんほどの影響力のある、やり手の上司から、理解されていると知ったら、部下の気持ちも、少し明るくなるのではありませんか」
山田「そうかも知れませんけど…」
私　「まず、そこから始めてみたらどうでしょう」

●素直な気持ちを通わせる

1週間後のコーチングの時、山田さんの声が明らかに違っていた。何日か後の朝礼の時、みんな良くやってくれていること、感謝していることを伝えたのである。

最初は、いつもと違う山田さんの言葉に、部下は「どうしたんですか？」と驚いた様子であった。しかし、その朝礼のあと、部下の一人が、山田さんに近づいてきて、「嬉しかったです」と言ってきたのである。こんなこと、今までになかったことである。所内の雰囲気が何となく和らぎ、少し活気が出てきたように感じられた。報告をする山田さんも嬉しそうである。

山田さんがしたことは、上司としての自分の気持ちを素直に部下に伝えただけである。しかしそれによって、部下の閉ざされた心が開かれたのである。

素直な気持ちは、相手に伝わりやすい。そして、相手の素直な気持ちを引き出すのだ。心を閉ざしている部下をやる気にさせることは難しい。なだめたり、おどしたり、プレッシャーを与えたりと、相当なエネルギーが必要である。

部下をやる気にさせようと思ったら、まず、部下の心を開かせることだ。そうしなければ、部下の心に、あなたの思いは届かない。

部下の心を開かせるためには、まず、あなたの方から素直に心を開くことだ。

●コーチングの視点から

部下を承認する――承認することの効用と、そのスキルを学ぶ

仕事のできる上司は、部下の欠点ばかりが目につく。「なんでこんなこともわからないんだ」「ここもだめ」「なんど言ったらわかるんだ」とキリがない。

こうなると、部下は、だんだんとやる気がなくなり、場合によっては、心に傷を負ったり、無力感を感じたりするようになり、時には、上司を憎むようにさえなりかねない。

こうした上司に欠けているのは、「人を承認する」ということである。「承認」とは、その人の存在を認め、受け入れることである。

人は認められたいのである。認められると単純にウレシイ。そして、やる気が、わき出てくるのである。

コーチングの目的は、「人のやる気を引き出し、その人の自発的な行動を促す」ことだ。そのために上司は、承認することの効用と、そのスキルを学ばなければならない。

「承認」について、大切なことを以下にまとめてみよう。

●具体的対策①

部下の意見を否定しない

部下に意見を求められると、必ず否定から入る人がいる。キチッと最後まで聞きもしないで、「違うんだよ」「そうじゃなくて」「わかってないな…」と、頭ごなしに否定することが、口グセになっている。

部下の意見を否定するときには、注意が必要だ。なぜなら、言い方によっては、部下はその意見の否定を通して、自分の存在を否定されたようにとる危険性があるからである。

上司によっては、否定したほうが、自分の優位性を保つことができたり、あるいは、自分の存在証明になると考えている人もいる。とんでもない勘違いである。

どんな部下にも良いところがあると同じように、どんな提案にも、聞くべきところはある。

上司としては、どんなに違うと思っても、即座に否定しないで、「なるほど、君の考えも一理あるね」あるいは「そういう見方もあるかも知れないね」と、まずは認めることである。部下の答えが正しいかどうかは、二の次である。まずは受け入れて、そこから上司としての意見を述べても遅くはない。そのほうが、部下は、上司の意見に耳を傾ける。

もし、部下の意見を、よく聞きもしないで、途中でさえぎり、否定することが何回か続けば、部下は間違いなく、あなたに二度と提案をしたり、意見を求めたりはしなくなるだろう。もちろんそれが、あなたにとって欲しい結果なら、話は別であるが…。

●具体的対策②

メッセージの〝伝え方〟にひと工夫

承認によって部下は自分の成長に気づき、さらにやる気が高まる。しかし承認といっても、ただ伝えればいいというわけではない。「伝え方」によって受けとる側の部下の気持ちに大きな違いが生じることを知らなければならない。

①YOUメッセージ

一般に「あなたメッセージ」と言われるもので、日常業務の中でもっとも使われる。

「君の挨拶は声が大きくて、すばらしいね」

「君の企画書、なかなか良くできていたよ」

「今回の件では、よく頑張ったじゃないか」

部下としては、嬉しいに違いないが、一方危険性もある。YOUメッセージは一歩間違うと部下にとっては単なる〝評価〟としてしか受けとれない場合があるからだ。

したがって、YOUメッセージを伝える場合には、部下の反応をあまり期待しない時か、あるいは、本当に、部下にやる気を起こさせようと思うなら、部下の受けとれる状態を確認してから素直に、心を込めて伝えることが必要だ。

②Iメッセージ

伝えられた部下にとってはＹＯＵメッセージよりも、はるかに嬉しく、やる気の出るメッセージの伝え方である。

「今期は、本当に頑張ってくれたね。僕も負けてはいられないと思ったよ」
「君のレポートには、僕も考えさせられたね」
「君が常務にほめられて、僕も嬉しかった」

Ｉメッセージは、単に相手に情報を伝えているのではない。そのことによって上司である自分がどういう影響を受けたのかを、事実として伝えているのである。

上司の気持の中に生じた事実であるから、部下にとっては否定しようがないばかりではなく、部下にとっては、自分の行動の上司への影響を知ることができるのである。Ｉメッセージは、部下にとっては受け取りやすく、また上司との共感をつくり出せる。

③WEメッセージ

Ｉメッセージをさらに一歩すすめたものだ。

「会議でのプレゼンテーション、説得力があったね。出席者は、みんな感銘を受けたって言ってたよ」
「君のいない間淋しかったよ。オフィスの中が、火が消えたみたいで、他の連中も淋しがっていたよ」

ＷＥメッセージを通して部下は、自分の行動の影響力の拡大を体験するだけではなく、さらにチームに対する自分の貢献を知るのである。

伝えられた部下の嬉しさとやる気はより高まる。

それでは、ＹＯＵメッセージ、Ｉメッセージ、ＷＥメッセージが、具体的にどのように違うかを体験してみよう。当事者である部下になったつもりで自分の気持ちの変化を味わってみて欲しい。

〈ＹＯＵメッセージ〉

上司「とうとう新規事業が立ち上がったね」

部下「ええ」

上司「それにしても粘り強く頑張ってくれたね」

部下「ええ」

〈Iメッセージ〉

上司「とうとう、新規事業が立ち上がったね」

部下「ええ」

上司「それにしても、粘り強く頑張ってくれたね。私も感動したよ。君には教えられたよ」

部下「ありがとうございます。恐縮です。部長のサポートのお陰です。これからも、宜しくお願いします」

〈WEメッセージ〉

上司「とうとう新規事業が立ち上がったね」

部下「ええ」

上司「それにしても、粘り強く頑張ってくれたね。役員のみんなが感動したって言っていたよ。君には教えられたってね」

部下「本当ですか。それは光栄です。部長のサポートのお陰です。これからも、会社のために頑張ります」

●具体的対策③

「ほめる」スキルを身につける

承認の中でも「ほめる」というのは、その人の存在そのものというよりは、その人の具体的事実、あるいは具体的な行動を取り上げ、それを認めるということを意味する。「良い事実」「良い行動」をさらに押し進め、強化していくために行なわれる。

このように「ほめる」ことは部下指導にとって大切なスキルであるはずなのに、概して多くの管理者はこれが苦手である。自分が、どうされたら嬉しく、やる気に火がつくかを考えながら、以下のポイントを知ってほしい。

①日頃から、部下の長所に目を向け、良い行動を見逃さないようにする

上司にとって必要なのは、観察力だ。とくに「良い行動」は、注意していないと見逃してしまう。

ここで大切なことは、自分だけの「基準」で部下を見ないということだ。例えば、営業を考えると様々なステップがある。

まず、アポイントをとり、クライアントを訪問し、相手の要望を聞き、企画書をつくる。その後、再度訪問し、プレゼンをする。その間、様々なやりとりを経て、うまくいけば成約ということになり、さらに、いろいろなフォローが行なわれる。上司が、成約という結果にしか関心がなければ、それに至る部下の行動は見えない。部下は、成約に至るプロセスで、さまざまな行動をとりチャレンジしているにもかかわらず、である。

上司の基準に達しなければ、ほめないというのであれば、おそらく部下は、長い間、ほめられることはないだろう。一つひとつの段階、その時々の行動をほめられることによって、部下は力強く、前へと進むのである。

さらに、上司としてしなければならないのは、部下の「ほめて欲しい」というサインを見落さないということである。部下は、上司にいろいろなサインを出している。とくにほめて欲しいとサインを出しているときには、タイミングよくほめなければならない。例えば、部下が営業から戻ってきて、嬉しそうな顔をしているとしたら、その時がチャンスである。「おっ、いいことがあったな?」「話を聞かせてくれ」「それは良くやったね。嬉しいよ」――。

ほめるタイミングを外さないと、部下は「上司は、いつも自分のことを見てくれている」と感じ、心が満たされる。部下のサインを見落してしまうと、部下の中に、失望感や、場合によっては孤独感が生まれてきてしまう。

上司の観察力が問われている。

②ほめる時には「直ちに」ほめる

あとでほめようとか、場合によっては、もう少し、ほめることが貯まったら、まとめてほめようというのはいけない。あまり時間が経ってしまうと、ほめる方も忘れてしまうし、ほめられた方も「なんのことですか？」とわからなくなる。白けてしまうだけだ。「ほめる」目的は、部下のやる気を引き出し「良い行動」を強化させることである。「何を、どの行動を」強化して欲しいのか、部下の体験が新鮮なうちに、ほめることである。

③正確に、具体的に、事実を指摘し、余計な脚色はしない

何が良い行動なのかを具体的に示してほめるから、その行動が強化される。

「君のA社のクレームに対する対応は、実に見事だった。電話があって、すぐ先方さんに行ってくれただけでなく、キッチリあやまって、いっさい言い訳はしなかったそうじゃないか。先方の部長が感心して電話をくれたよ。今回は最初でもあり、問題にしないそうだ。君に助けられたよ。ありがとう」

ここでは、「すぐ先方に伺った」「キッチリあやまった」「言い訳はいっさいしなかった」という具体的な事実が指摘されているので、部下は、何が良かったのかを把握することができ、達成感を味わうことができる。これを、こんなふうに言ったらどうだろう。

「君、A社のクレーム処理、うまくやってくれたじゃないか。ありがとう」

これではクレーム処理の「何が」良かったのかがさっぱりわからない。ひょっとすると、自費で買った手みやげが、良かったのかと思われかねない。

部下にとっては、どの行動が良かったのかがわかることが、重要なのである。

④ほめる時は、ほめるだけ。これを道具にして、何かを命じてはならない

よく行なわれるのが、ほめることを枕にして何かを命ずることである。「よく頑張ってくれた。次は、これをやってくれ」――。これでは、新しいことをさせるために、ほめるという手段を使っているようなものだ。

これが、続くと部下は、ほめられることにむしろ警戒感を持つ。「また、何か、やらされるのではないか」というわけだ。これではほめられても、それを素直に受けとることができなくなってしまう。

ほめる目的は、あくまで「正しい行為がさらに強化され、より動機づけがなされること」にある。ほめる時には、ほめる。何かを命ずるときには命ずる。下心を持ちながらほめるのでは、本人のやる気も半減してしまう。さらに、警戒されたり、反発を招くことにもなりかねない。ほめる時には、ただほめることを目的として、しっかりとほめたほうがいい

⑤「しかし」を付け加えない。問題点は、別の機会にする

最後に、ほめたあと、「しかし」を付け加えてはいけない。

よく行なわれることであるが、ほめることと、問題点の指摘が同時になされる場合が多い。「忙がしいのに、このシステムをよくまとめてくれたね。感謝しているよ。しかし、リサーチのやり方に、まだまだ問題がある。ツメが甘い」

これでは、ほめた意味がない。ほめる時には、あくまでほめる。問題点があったら、別の機会に指摘したほうがいい。ほめる目的と、問題点の指摘とは別であって、一緒に

してしまうと、本人に対する動機づけが弱くなってしまうからだ。

上司によっては、何かを注意する枕詞としてほめる人がいるが、こういう時は、たいてい「ほめる」ほうは、おざなりである。部下は、ほめられるとむしろ緊張し、身構えてしまう。

⑥ 上司としての感情を表現する

「嬉しかったよ」「感謝している」「誇りに思うよ」「ありがとう」など、上司が感情を表現することで、部下は、自分の行動の上司への影響力を知ることができる。

部下にとっては、単なる客観的な評価よりも、はるかに嬉しいものである。

多くの上司が部下をあまり承認しないばかりでなく、承認について学ぼうとしない。とても残念なことだ。しかし承認は、もっとも直接的に部下のやる気を引き出すための効果的な方法だ。

したがって、部下を育てようと思ったら承認について学び、それを実践することだ。きっと部下に目に見える変化が生じ、あなたもワクワクするに違いない。

◎2章のまとめ

1）「部下を叱らない」と決めると部下の長所・すぐれている点などが見えてくる。

2）部下に失敗を恐れさせてはいけない。挑戦を推奨し、たとえ失敗したとしても、次の挑戦に活かすことで、部下は成長する。

3）チャレンジした結果での失敗なら、上司はそのことをむしろ承認しよう。

4）部下の欠点と思える部分も、彼の“持ち味”として捉えることで、部下の個性を伸ばすことができる

5）コーチングを機能させるためには、上司は承認、ほめるスキルを学ばなければならない。

3章

質問をすることで部下は鍛えられる

——部下に教えてもらう

▼こんな部下指導をしていないか

◉そんなことを聞いているんじゃない！

上司「今週の営業活動はどうだ？」
部下「どこも景気が悪くて、なかなかウンと言ってくれないんです」
上司「そんなことを聞いているんじゃない。俺が聞きたいのは、成果があがっているかどうかと聞いているんだ」
部下「今一つです」
上司「具体的に、どんな動きをしているんだ？」
部下「今までの既存のお客さんにメールを出したり、展示会の案内を出したりはしているんですが…」
上司「それくらいのこと、誰だってやっているじゃないか。他にできることはないのか？」
部下「なかなか思いつかないんですが…」
上司「とにかく、目標は達成してくれ。

君、先週やるって言ったはずだぞ」

●「確認のため」だけに話をしていないか

この上司は、「自分が聞きたいこと」のためだけに質問をしている。ここで上司が聞きたいのは「成果があがっているかどうか」だけである。「そんなこと聞いているんじゃない」という上司の言葉に、これがあらわれている。

ところが、部下が本当に聞いて欲しいのは、「どうしたら成果があがるか」ということである。「なかなか思いつかないんですが…」という部下の言葉の中に、その苦しみが、あらわれている。

上司としては、この点についてこそ、励まし、力づけをし、さらにどういう方策があるかを問い、承認へとすすむべきである。

部下育成において、質問をするとき大切なことは「相手の聞いてほしいこと」に焦点をあてるということだ。そうしないと、上司の自己満足だけに終わり、部下の「気づき」にはならないからだ。

上司によっては、その質問が部下のために役立っているか、という視点がまったく欠落し、自分の欲しい答えを得たら、それで事足れりという人がいるが、質問をすることの意味がわかっていない。

確認のため、ということも多々あるが、「部下の中にある答えを引き出し、部下のやる気を高める」という効果があることを知る必要がある。

さらにここでは、「それくらいのこと、誰だってやっているじゃないか」という言葉の中に、上司のモノサシ、基準でしか、話をしていないことがわかる。自分のモノサシだけで見ると、部下のことが見えない。そうすると、部下には、自分の気持ちをわかってもらえたという共感は生じない。

部下を知り、部下のやる気を引き出そうと思ったら、部下のモノサシにも目を向け、そこから一歩踏み出すには、どうしたらいいかについて、考えてやるべきである。

【教訓】「相手が聞いてほしいこと」を聞く

なぜ部下に質問をするのか

質問をされると、人は答えようとして「考える」。そして考えるプロセスの中で、さまざまなことに「気づく」のだ。そこからいろいろな知恵が働き、工夫が生まれる。この「質問→考える→気づく」のプロセスが部下を鍛えるのである。

たいていの上司は、部下に質問をしない。四六時中、「こうしろ」「ああしろ」と、指示を出している。これでは部下は自ら考えようとせず育たない。

研修が始まる時、私は参加者に必ず質問をする。「今回のリーダーシップ研修から、皆さん、どのような成果を得たいですか」――。それに対する答えで、参加者の人たちが、どれほど普段から考えるクセをつけているか、問題意識が明確か、鍛えられているかがわかるのだ。

さまざまな答えが返ってきてワクワクすることもあれば、ほとんど答えらしい答えが、返ってこない場合もある。

時には、「上司から良い研修なので行ってこいといわれてきたんですが、どんな成果が得られるんですか」と逆に質問を受けることもある。そんな時は「上司は、あなたに何を期待していると思いますか」と聞いたり、「あなた自身は、どのような成果を得たいと思うのですか」と再質問をしたりするのであるが、与えられるのを待っていて、ほとんど考えない人もいる。

こういう人の多い研修の場合には、とにかく研修中、たくさんの質問をするようにする。講義や、実習の終るごとに、「何に気づきましたか」「自分の仕事に置きかえてみて、どう生かせそうですか」などなど。

最初、参加者はとまどい、答えを求めようとする。「どうしたらもっと、リーダーシップが発揮できるのですか」「部下育成にとって一番大切なポイントを教えてください」云々。

こういう時、すぐ答えを与えてはいけない。与えられた答えに、参加者が満足をしても、それは、その場かぎりのことで終わってしまう。自分の心の内側に動機づけが起きていないので、職場に戻っても行動に移されることは、まずないからである。

考えるクセのない人は、教えられたとおりのことは覚えるが、そのことが複雑なビジネス状況に、そのままあてはまることはほとんどない。

部下に質問をするのは、部下に考えさせ、気づかせ、自立を促すためである。したがって、どのような質問が部下に、そうした結果をつくり出すのかを知っておかなければならない。

質問をする時まず大切なのは、〝相手のため〟に聞くことである。たいていの上司は、〝自分が知りたいことのため〟に聞く。したがって自分が知りたい答えを得ると、そこで質問を終えてしまう。そうではなく、もう一歩踏み込んで、部下がわかっているかどうか、部下にとって、考え、気づく機会になっているかどうかが大切なのだ。そして、たとえ上司として答えがわかっていても、「君ならどうする？」と質問を重ねることだ。

さらに、質問の仕方も、「こうしたらどうだろう？」「解決できるか？」「調子はどう？」と聞かれると、部下は「YES」か「NO」で答えるしかない。この質問の仕方を、閉ざされた質問（クローズド・クエスチョン）といい、そこには「考える」というプロセスも、「気づく」という成果も生まれない。

そこで、たとえば「これについては、こうしたらどうだろうか」と聞くかわりに、「これについて君はどう思う？」と質問をしてみるのである。

また、「解決できそうか」と聞くかわりに、「どうしたらよいと思う？」と聞いてみるのである。こうすれば、答えは無限にあり、部下は考えることができる。あくまでも大事なことは、部下に考えさせることなのだ。

答えがたくさん考えられる質問の仕方を、開かれた質問（オープン・クエスチョン）という。上司は、このオープン・クエスチョンを多くしなければならない。

そして質問をしたら、相手が答えるまで、黙って待つことである。たいていの上司は、ここで、なかなか待てない。

「こんなことも、わからないのか。いいか、よく聞くんだ。これはこうするんだ」とやってしまったら、すべては終りだ。

黙って待っている間に、部下の頭と心の中にはさまざまなことが起きている。この時間が、部下にとっては、重要なのである。

その時間の中で、部下は鍛えられるのである。

――部下を鍛える実践的コーチング術①――

◆質問をし、部下に考えさせ、答えを待つ

「話し上手」よりも「聞き上手」の上司になる

「賢者は聞き、愚者は語る」という言葉がある。ソロモン王の言葉だ。聞き上手ほど賢い。そして、聞き上手の上司ほど賢い。

なぜなら、まず第一に聞き上手な人のほうが人から信頼され、良い人間関係をつくることができるからだ。

ほとんどの人は、聞くより話をすることのほうが好きだ。私は研修で、毎月たくさんの人にお会いするが、話すより聞くほうが好きだという人に、お目にかかったことがない。

たしかに「私は話すのが苦手です」という人はいるが、そのような人の大部分は、大勢の前で話をすることが苦手にすぎない。人は話をし、聞いて欲しいのである。だから聞いてくれる人を求めている。そして、聞いてくれる人には心を開くのである。

以前、あるソフト開発会社の管理職研修でのこと。3日間の研修の2日目終了後、参加者の一人が「少し時間をとっていただけませんか」と申し出てきた。喫茶店で話を聞いたが、約2時間の間、ずっと話しっ放しである。仕事が上手くいかないこと、上役とソリが合わないこと、部下がなかなか育たないことなどなど、話し出したら止まらない。よほど、うっ憤がたまっていたのだろう。私はただ「そうですか」「気持ちわかります」と聞くだけ。

彼が話し尽くした時、私は、彼に同調するのに疲れ果て、グッタリしてしまったが、彼は目が生き生きと輝き、まるで生気を取り戻したかのようであった。最後に彼は私に「先生、すばらしい教えをいただきました。ありがとうございました」と握手を求めてきたのである。

私は彼に何も教えてはいない。ただ話を聞いていただけ。彼が勝手に話し、勝手に何かに気づいていったのである。聞いてもらったことが、よほどうれしかったのだろう。3日目の研修への参加態度も、前向きになり、2日目までとは、まるで別人のようであった。

それにしても、部下の話を聞かない上司が多い。部下が話をしにきても、途中で遮り、自分の意見を一方的に押しつける。人間、聞いてもらえないことが一番悲しい。聞いてくれない上司に、部下は心を開くはずがない。心を開かないのに、信頼関係や良い人間関係ができるはずがないのである。

話し上手より聞き上手の上司のほうが賢いという第二の理由は、聞き上手には情報が集まるからだ。

現場の情報に一番詳しいのは部下であり、お客様と一番接しているのも部下である。聞き上手の上司のもとには、どんどん情報が集まる。しかし、聞くことは沽券にかかわるとばかりに、上司はなかなか部下に聞かない。部下によく聞く上司も、たいていは責任を追及するために聞く。

「あの件はどうなっているんだ?」

「それじゃわからん」

「何時までにやるんだ?」

「そんなこともわからないのか」

などなど。これでは部下は正直に答えない。自分を正当化することに精一杯で、事実を正直に答えることなどしない。

上司として大切なことは、部下に教えてもらうつもりで、謙虚に聞くことだ。すると上司のもとにはたくさんの情報が集まる。上司の大切な仕事の一つに「決断すること」

がある。正しい決断は、正しい情報の積み重ねの上ではじめて可能となる。

部下から情報を得るには聞くことである。

聞き上手の上司が賢い理由の三番目は、より多く聞く人の下でのほうが部下が育つからである。

多くの上司は、部下を育てようとして、多くを語る。しかし、これでは、自ら考えない自立性のない部下をつくり出しているにすぎない。

部下に質問をすることで、部下は考える。そして、気づき、そこに創造性が生まれる。このプロセスで、部下は鍛えられ育ってゆくのである。人を育てるのが下手な上司は部下に尋ねない。一方的な指示を多くする。結果として、指示待ちの部下が多くなり、いつまで経っても、部下は成長しないままである。

——部下を鍛える実践的コーチング術②——

◆聞き上手の上司が成功する

「答え」は部下が持っている

「現場の情報にもっとも詳しいのは誰か」

それは部下である。

「お客様の情報をもっともつかんでいるのは誰か」

それは部下である。

「部下が、やる気になり、最大限、力を発揮できるようになるための答えを持っているのは誰か」

それは、部下自身である。

かつて、上司は組織の中で、「答えの保持者」として存在意義があった。上司の役割は、今まで積み上げてきた、知識、経験、ノウハウ、人脈などを背景として、部下に「ああしろ」「こうしろ」と指示、命令し、答えを与えることであった。部下の役割は、それをいちはやく吸収し、そのまま忠実に実行すればよかったのである。

しかし、今や自分の知識と経験の中に、「答え」があると自信を持って言える上司がどれだけいるだろうか。

なかには、若い部下と比較して、「一番勝っているところは経験だ」と考える上司がいるかも知れないが、実は、それが一番劣っているところかもしれないのだ。

すなわち、むしろ経験が邪魔をし、現在の問題解決には役に立たないのである。

ある注文住宅の製造販売会社で研修をした時のこと。この会社は、従業員が五〇〇人ほどの中堅会社であるが、売上げが少しずつ落ちてきており、かなり危機感を持っている。とくに今まで研修らしい研修もしたことがなく、コアとなる人材が育っていない。

研修内容は「いかにイノベーションを起こし、実践していくか」である。部長研修、課長研修、中堅社員研修とさせてもらったが、この中で私は、それぞれの研修で参加者に同じテーマを出して、ディスカッションしてもらった。

テーマは「コア人材、キースタッフを育成するために、どのようなシステムが考えられるか」——というものである。

部長研修では、ほとんど案らしい案は出ない。せいぜい「研修システムをつくる」だとか「抜擢人事を増やす」くらいで、煮詰まってしまうのである。挙句、「俺たちは、自力で育ってきた」「昔はシステムなんてなくても人は育った」など、過去を振りかえる話が出はじめる。

中堅社員研修で、同じテーマについて話し合ってもらったら、出るわ出るわ、実現可能か不可能かは別にして、部長研修とは雲泥の差である。面白いところでは、「社内職業安定所の設立」「ドラフト会議」「FA制度」「レンタル移籍制度」「一日支店長、工場長制度」「コーチングシステムの確立」「短期業務トライアル制度」「スカウト制度」などなど挙げたらきりがないほどである。

あらゆる階層の研修をさせてもらって「答え」は部下の中にあるというが、私の実感である。上司の経験も大切ではあるが、時には、それが固定観念となってしまって、組織自体の変化対応力を失わせる原因となっているのである。

「答え」を得ようと思ったら、部下に聞き教えてもらうことだ。

そのほうが、はるかに早く、効果的に「答え」を得ることができる。

――部下を鍛える実践的コーチング術③――

◆部下に聞き、教えてもらう

「なぜ」ではなく、「なに」を使って聞く

上司が部下に対してもっとも使う言葉の一つに「なぜ」「どうして」がある。「なぜ、目標を達成できないんだ?」「どうして、A社に先を越されたんだ?」「なぜ、うまくいかないんだ?」「なぜ」「どうして」……。

「なぜ」と聞かれると、人は、あまり良い気持ちがしない。子供の頃から「なぜ」と聞かれるのは、ほとんど「悪い」ことをしたときだ。

「なぜ、こんなに成績が悪いの?」「なぜ、後かたづけをしないの?」「なぜ、仲良くできないの?」……。「なぜ」と聞かれると、たいていの人は子供の頃の体験がよみがえり、責められている気持ちになる。そこで、つい萎縮し、防御的になり、言い訳を考えてしまう。これでは「質問」ではなく「詰問」になってしまう。

質問の目的はあくまでも「責任追及」ではなく、「原因追及」と「新たな展開」をつくり出すためにある。

詰問で、部下の責任を追及したところで、何も生まれない。したがって「なぜ」と聞

きたくなったら、できるだけ「なに」を使ってみることだ。
「なぜ」を「なに」に——。「ぜ」と「に」の一文字の違いだけで、生まれる結果は、まったく違ったものになる。

■「なぜ」を前面に出した会話

上司「君は、今期の予算の70％しか達成していないが、なぜだ？」
部下「値下げ要求がはげしくてうまく対応できないんです」
上司「なぜ、対応できないんだ？」
部下「競合があまりに多くて、的がしぼれないんですよ」
上司「そんなこと、はじめからわかっていることじゃないか」
部下「それは、そうなんですけど」
上司「とにかく、予算を達成してくれなくては困るんだ」

このように言われた部下は、果たしてやる気になるだろうか。単に「責められている」としか感じないだろう。この会話からは、部下の「考える」ということも、次の行動へつなげるというモチベーションも、予算未達成の真の原因追及も、なにも生み出されていない。

部下は、単に萎縮し、言い訳を考えるのが精一杯である。そこでこれを「なに」に変えてみよう。

■「なに」を前面に出した会話

上司「君は、今期予算の70％しか達成していないが、どうしたらクリアできると思う？」

部下「値下げ要求がはげしいので、それにうまく対応できたら、何とかなると思うのですが…」

上司「そのためにはなにが必要だろう？」

部下「競合があまりに多いので、的をしぼって、そこよりも付加価値をつけることだと思うのです」

上司「付加価値としてはなにが考えられるか、ぜひ知恵をしぼってくれないか」

部下「はい」

上司「そのために、まずなにができるかね？」

部下「まず、この分野で売上げが伸びている価格帯はどこか、から調べてみます」

ここでは、部下は、原因を追及するだけではなく、提案、行動へと自分自身を展開している。

上司は部下に質問をするとき、そこでつくり出したい結果は何かを絶えず考えながら質問を発しなければならない。

――部下を鍛える実践的コーチング術④――

◆「責任追及」よりも「新たな展開」のために聞く

不平・不満ほど耳を傾けよ

不平、不満を言ってはいけないと、かたくなに信じている上司がいる。このような上司は、部下の不平、不満にも耳を傾けない。

「何を言っているんだ。そんな暇があったら仕事をしろ」「経験もないのにわかったようなことを言うな」と、不平を不平のままに、不満を不満のままに封じ込めてしまう。なんと、もったいないことだろう。

不平、不満が好ましくないと考えられるのは、不平のための不平、不満のための不満になってしまって、そこに、とどまっているかぎり、次への発展性がないからだ。

しかし、不平、不満というのは、要するに「現状に満足していないというメッセージ」である。その中には、実はどうしたら現状を変えることができるのかというヒントがたくさんつまっていることが多い。

また人は、不満をあまり聞きたくない。なぜなら、自分の正しさを壊されたくないからだ。すなわち、不平不満というのは「私はあなたに満足していない」というメッセージである。だからそれを言われると、人は「ではどうすればよいか」と未来に目を向けるよりも、自分の「欠けている」部分や「間違っている」部分を見ざるを得なくなるからである。

私は、研修の最後に、参加者から必ずアンケートをとる。そこには、さまざまな項目があるが、研修内容そのものに満足しましたかという項目もあり、次のようなランク付けになっている。

5. 大変満足　4. かなり満足　3. やや満足　2. あまり満足できない

1. 満足でない

研修終了後、新幹線や飛行機の中で、このアンケートを読むのが楽しみでもあり、緊張する一瞬でもある。なぜ緊張するのか――。それがある意味で先に述べた自分の正しさが壊れてしまうのではないかという恐れがあるからである。

あまり良くない結果だとへこんでしまい、良い結果だと嬉しい。良くない結果だと「どうすれば良かったのか」と自分に質問をし、答えをさがす。アンケートの隅から隅まで一言一句ももらさず読み、研修の一コマ一コマを振り返り、参加者や人事担当者の反応まで思い出す。そこには、さらに改善できる余地が、必ずあるものである。

部下が、不平、不満を言ってきたら多いに耳を傾けるべきである。上司が真剣に聞いてくれるだけで、部下にとって、問題解決になることが多い。そして大切なことは、聞くだけにとどまらず、質問をすることだ。

「どうしたら良いと思う?」

「改善するための君の考えを教えてくれないか」

「君の案を出してくれないか」

この質問で、不幸や不満は、貴重な提案に変わる。

すなわちこの質問をすることによって、無責任な、単なる不平、不満を「それを解決するために、私には何ができるか」という、当事者意識の明確な提案メッセージに変えることができるのである。

――部下を鍛える実践的コーチング術⑤――

◆質問によって、不平不満を提案に変える

改善テーマ

◉どうしたら部下を鍛えられるか

《ケーススタディ・コーチングの現場より》

川村氏は、運送会社のクレーム処理を含むオペレーターセンターのマネジャーである。

小さなクレームの場合は、現場で処理されるが、大きなクレームになると、このオペレーターセンターで処理される。誤配、遅配、汚れ、傷つきなど、さまざまなクレームを的確に処理していかなければならない。勤務は24時間体制（三交代）である。

このセンターに、昨年入社の新人が四名いるが、なかなか仕事を覚えず心配である。

川村「クレーム処理の方法については、画面にも出てくるし、調べられる書類もあるんですけど、何かというと、すぐ聞いてくるんですよね。時間もとられるし、自分の仕事もできないしで、まいっているんです。ホント1年にもなるのに、任せられないんです」

私（筆者）「川村さんにすぐ聞いてくるんですね。大変ですね。それで、川村さんは聞れたら、どうするんですか」

川村「えっ？　教えますよ」

私「いつまで教えるつもりですか」

川村「えっ？」

私「わかるまでですか」

川村「え？　あ、そっか。教えてやるから聞きにくるんですね。でも、教えないと覚えないでしょ」

私「彼らが、あなたを頼らないで、自分で覚える方法はないですか」

川村「自分で調べる！」

私「自分で調べるようになるには、どんなふうにしたらいいと思いますか」

川村「いや、まず、自分で調べようと思ってないんですよね。だから聞きにくるんですもんね。どうしたらいいんだろう。わからない」
私「そうですね。もう一度、聞いてよろしいですか？　彼らが、自分で調べようと思わせるには、どうしたらいいでしょう？」
川村「えっ？　わからないなー。どうしたらいいだろう」
私「どうしたらわかると思いますか」
川村「あっ。『どうしたらわかる？』って彼らに聞いちゃったらいいんじゃないですかね。そしたら、調べればわかる、じゃ調べよう……ということになってくれるかなー」
私「どうでしょうか。やったらわかりますね」
川村「そうですね。教えるんじゃなくて、どうしたらクレーム処理がわかると思うか、彼らに聞いてみるんですね。面白そうですね。やってみますよ」

●質問をすることで部下のやる気を引き出す

最初、川村さんの質問に部下は、とまどっていたようだ。

でも川村さんは、「このクレームの処理の仕方、教えてください」と求められるたびに、「どうしたらわかると思う？」と聞き続けたのである。そのうち、新人たちは、除々に自分で調べるようになった。

ある時、かなり難しいクレームを新人が担当することになった。

彼は、川村さんの所に聞きにきたが、川村さんの顔を見るなり、聞く前に、川村さんの口調をマネしながら、

「どうしたらわかる？　自分で調べる！」

とかけ声をかけたので、二人で大笑いになった。彼は、そのクレームを独力で見事に解決した。それは彼に大きな自信を与えたばかりでなく、他の新人にも大きな影響を与えたことは、いうまでもない。

上司はどうしても自動的に部下に「教える」というスタンスをとりがちである。しかし、もう「教えない」と決め、「質問をする」というスタンスに切り替えてみると、上司と部下の立つ世界が違ってくる。

すなわち、部下の立場に立ってみると、「聞く」→「教えてもらえる」→「考えない」から、「聞く」→「質問される」→「考える」と変わることにより、自立への世界に旅

立つことができるのである。

また上司は、部下に教えていた時間を、他の業務に使うことができ、自分自身の成長をも手に入れることができるのである。

●コーチングの視点から

部下に教えてもらう――「質問」のはかり知れないパワー

質問にははかり知れないパワーがある。

質問されると部下は、考え、気づき、決意を固め、自分を励まし、行動へとすすんでいく。

人に「やる気」を教えることはできないが、質問によって、人のやる気を引き出すことはできるのである。「やる気」は誰の中にもあるものであるが、外から「やる気を出せ」と言って、やる気を引き出すのは難しい。言われた人が言った人に対し、さまざまな反応をするからだ。

たとえば「うるさいなー」「何か下心があるのか」「わかってるよ」などなど。しかし質問をされることによって、自分が、自分の内側から引き出したやる気は確かなものなのである。

部下に質問するときの注意点、やる気を引き出す質問の仕方、質問をした後の対応などを以下にまとめてみよう。

●具体的対策①

わかっているふりをしない

昔は、その仕事に関しては上司がもっともたくさんの知識を持ち、部下はその上司の知識をいかに吸収してゆくかというかたちで部下指導が行なわれた。しかし、社会がこれだけ変化してくると、上司よりもむしろ部下のほうがたくさんの知識を持っているケースも出てくる。上司にとっては、その知識をいかに引き出し、活用するかが組織強化の要となる。

部下の知識を引き出すために上司として大切なことは、「わかっているふりをしない」ということだ。

部下に聞くのはどうしても気恥ずかしい。だからといって、上司としての威厳が保てないなどと考えているようではダメだ。

そのいい例がパソコンだ。

私の友人は、いまだにパソコンが使えない。彼の若い部下にはパソコンができる人がたくさんいるというのに…。「いまさら聞けないよ」というのが彼の口グセである。

しかし、時が経てば経つほど「いまさら聞けない」状態が強くなる。

私もパソコンは若い社員から習った。たしかに、人は誰でも「わからない」「知らない」と言うのには抵抗やためらいがある。まして、ほとんどの人が知っている「周知の事実」や「知っていて当然のこと」について質問をするのは、なかなかできない。「そんなことも知らないんですか」とバカにされることが恥ずかしいからである。部下に対してだと、なおさらこの思いが強くなる。

私も最初「では、起動させてください」と言われて「えっ、キドウ?」、「ソフトをインストールしてください」と言われて「いんすとーる?」と、さっぱりわからなかった。「ほんとうに何もわからないんですね」と言われて、顔から火の出る思いをしたものである。

しかし、知らないのだから仕方ない。

知らないのに「知っているふり」「わかっているふり」ばかりしていると進歩がない。「知りません」「わかりません」「教えてください」と素直に聞くほうが、はるかに賢明だ。

松下幸之助さんは、晩年、松下記念病院に入院するようになってからも、春、新入社員が入社してくる時期に、よく会社を訪れて、若い人たちと懇談し、積極的に彼らに質問をした。

「いま、どういうモノが売れているのか」

「何が流行っているのか」

「どういうところに人は集まっているのか」

などなど。質問をし、若者たちの声にじっくり耳を傾けたそうである。

松下幸之助さんは、人からよく「何で成功することができたのですか」という質問を受けた。すると彼は必ず「学歴がなかったから」と答えた。

すなわち、「学歴がなかったから誰にでも聞き、教えてもらうことができた。人に尋ねることに恥ずかしいという気持ちはなかった」というのである。

聞くことを恐れてはいけない。

とくに上司は部下に「教えてもらう」という謙虚な気持ちを持つことが大切だ。わかっているふりをすることが一番いけない。「わかっていない」ということが周囲にはわかっているのに、「わかっているふり」をすると軽蔑されるだけだ。

まさに「聞く」は一瞬の恥、「聞かぬ」は一生の恥なのである。

●具体的対策②

部下を鍛える質問の仕方

一般に「質問」をするのは、情報を求め、情報をより具体的にしてゆくということだ。しかし、コーチングにおける質問の目的は、相手の中にある「答え」を引き出すことによって、相手のやる気を引き出し、行動を促すことにある。とくに上司が部下に質問をする目的は二つある。

一つは、部下に素直に教えてもらうということ。

二つ目は、部下を育てるためである。すなわち、質問をされることで部下は考え、ときには悩み、気づき、そして行動に出るのである。したがって、質問をされるということは、部下にとっては成長と自立のためのよい機会であり、上司にとっては部下を鍛え、育てる重要な手段となるのである。

そこで、この目的を達成するために、上司としては次の質問をたくさんしてあげることだ。

①「つくり出したい結果は何か」と聞く

ゴールが明確になると、人のやる気はゴールに向かってますます高まる。

逆に言うと、部下にやる気がないとき、多くの場合、ゴールが明確になっていないケースが多い。ゴールが明確でないまま、ただ「頑張れ」と言われても苦痛なだけだ。いつまでたっても達成感を味わうことができない。部下はゴールが明確でないまま、ただ日々の作業に追われているようなものだ。

だから上司は、部下の中で「つくり出したい結果」が明確かどうかに絶えず気を配る必要がある。もし、本人がつくり出したい結果と上司がつくって欲しい結果との間に齟齬がある場合には、相談に乗ってやらなければならない。

②「どうしたらよいか」と聞く

「答え」は部下自身が持っているというのがコーチングの大前提である。率直に「どうしたらよいか」と、部下の考えを聞いてみることだ。

このとき、「こうすればどうだろう?」とか「こういうやり方のほうがいいのではないか」という聞き方をしてしまうと、その例にとらわれてしまって、部下の思考がそのことに限定されてしまう。

そこで「どうしたらよいか」と質問されることによって、部下の思考は解放される。「こうすれば」と聞かされては、部下の思考は閉じこめられてしまうのだ。

部下に自由に考えさせ、思考の中に漂わせることが重要である。上司の想像もしない「正解」が導き出せるかもしれない。

③「どうしたいか」と聞く

前向きで積極的な行動は、部下の自主的な動機づけによってつくり出される。

どんなに上司としてそうして欲しくとも、部下がそうしたいと望んでいなければそこに生じるのは「義務感」と「ねばならないという気持ち」だけで、前向きな行動は生まれない。

それが「どうしたいか」と聞かれることで、部下は自分の気持ちを深く見つめることができる。ここを深く見つめることができればできるほど、部下は確固たる確信により行動することができるようになる。

さらに「どうしたいか」と聞かれることにより、部下は自分が信頼されていると感じ、自主的な行動が促されるのである。

④「どうする?」と聞く

部下育成で大切なことは、部下の行動を促すことである。どんなにすばらしい「答え」も、自主的な行動につながらなければ意味がない。

このとき「やってくれ」というのは簡単だ。しかし大切なことは、部下を信頼し、部下自身の自主的な意思決定を導くことである。

同じ行動でも、「どうする?」と聞かれて、「やります」という自らの決定によって導かれた行動と、「やりなさい」と指示されて「やります」と促された行動とでは、その動機づけにおいて、天と地ほどのひらきがある。

⑤沈黙する

部下に行動や決断を促したあと、「沈黙する」ことは大切なことである。

部下にとっては、自分と向き合い、考え、気持ちを整理し、決断するための貴重な時間だ。上司は、この沈黙に耐える必要がある。

●具体的対策③

部下をやる気にさせる「アクティブ・リスニング」

質問をしたあと大切なことは「聞く」ことだ。「聞く」というと、何か受け身的な感じがするが、実はそうではない。

「聞く」というのは、相手の立場に立ち、相手を受け入れるという、きわめて能動的な行為だ。「聞こえる」というのともまた違う。「聞こえる」というのは、ただ受け身的に何かが自分の耳に入ってくるということだからだ。

さらに「聞く」を深めていくと、「聴く」になる。すなわち「十四回、耳をそばだて心で受け止める」というのが「聴く」という字だ。この「聴く」という行為を「聞く」と区別して、アクティブ・リスニングという。アクティブ・リスニングによって、聞いてもらっている人の中に安心感や信頼感が高まり、自発的な行為が促されるのである。

以下にアクティブ・リスニングの要点を述べてみよう。

①あらかじめ「答え」を持たない

上司が部下に「質問」するとき、たいてい上司の側に答えて欲しい「正しい答え」がある。

「この案件についてどう思う?」

「私は～と思うのですが…」

「何を言っているんだ。これは～しなければダメなんだ」

と、「上司の答え」を押しつけてしまうことが多い。

しかし、質問によって、上司の予想もしない答えが返ってくるからこそ、質問の意味があるのである。部下の声に耳を傾けてみると、部下はさまざまなアイデアを持っているものだ。だから「答え」を持たないで聞いてみることだ。

そして、どのような答えが返ってきても、それを受け入れ、そこから関わりを始めるのである。

②相手の立場に立つ

アクティブ・リスニングにおいて大切なことは、相手の立場に立つということだ。ただ、これがなかなかできない。

ほとんどの場合、人は相手の話を聞きながら、頭の中では次に自分は何を話すかということでいっぱいである。これを「発信準備」という。顔は相手のほうに向け、相づちを打ったり、うなずきながら、自分が話すための発信準備をしているのである。

相手にとっては、自分の話を聞いてもらっていないと感じると、それ以上、話す気にはなれないだけではなく、話をしている自分の存在そのものが否定されたように感じる。

逆に、誰かに話を聞いてもらっているときに、その人が十分にこちらに意識を向け、こちらの立場に立っていると感じると、安心感と信頼感が増すだけでなく、多くの場合、そういう人に聞いてもらっているだけで、物事が解決し、次の行動へと移れる場合が多くなる。

③言葉にすることで人は気づく

人は言葉にして話をすることによって、自分について気づいていく。

私たちの頭の中では、話すスピードの20倍から30倍のスピードで言語や映像が動いているといわれている。自分の「考え」に気づく一番良い方法は、言葉にしてみることだ。頭の中では毎瞬毎瞬あまりに膨大な情報を処理しているので、気をつけないと気づくことができない。

「ふっ」と思ったことがあっても、あっという間に情報は過ぎ去ってしまう。「言葉」にするプロセスで、人は情報を明確に「とらえる」のである。すなわち、「人は思っていることを話しているのではなく、話している間に思っていることに気づく」のである。

自分の身になって聞いてくれる人がいるということは、言葉にすることによって、明確に「気づく」という機会を得ていることになる。

だから、上司が部下に意識を向け、質問をし、アクティブ・リスニング、すなわち「聴く」ということは、部下にとっては言葉にする機会が増えることになり、その分「気づき」と「成長」を手にすることができるわけである。

◎3章のまとめ

1)「質問をし、部下に考えさせ、気づかせる」このプロセスで、部下は鍛えられる。
2)「聞き上手」な上司の方が部下から信頼され、そのもとで部下はより育ち情報も集まる。
3) 自分の知識と経験だけに頼らず、むしろ部下に聞き教えてもらうほうが効果的な問題解決につながる。
4)「なぜ?」と聞きたくなったら、「なにが?」に変えると、「責任追及」ではなく「原因追及」そして「新たな展開」へと、つなげることができる。
5) 不平、不満を恐れてはいけない。質問によって、貴重な提案に変えることができるからだ。
6) コーチングを機能させるためには、上司は質問のパワーを理解し、質問のスキルを学ばなければならない。

4章

部下のじゃまをしない

——部下に任せる

▼こんな部下指導をしていないか

◉君は何年この仕事をしているんだ？

上司「A社との契約、どうなっている？」
部下「もう少しでうまくいきそうなんですけど…」
上司「なんだ？　何かあるのか」
部下「先方さんの要求が厳しくて。オプションをつけてくれというので返事をしたんですけれど、私の認識が甘くて、先方さんのいうオプションをつけてしまうと、価格の点でどうしても折り合いがつかないんですよ」
上司「そんなこと最初からわかっていることじゃないか。なんであらかじめトータルでみておかないんだ。君は何年この仕事をしているんだ」
部下「でもいま、オプションの値引きと新しい企画も考えていて、もう少しでうまくいきそうなんです」
上司「もういい。あとは俺がやる」
部下「えっ」

部下「でもいま企画書を作っていて、来週先方さんともう一度会うことになっているんです。なんとかなりそうなんです」
上司「君の『なんとかなりそう』は、あてにならないよ」
部下「……」
上司「やっぱり俺がやらないとダメだ。とにかく企画書を持ってきて。この契約は会社にとっても大事なんだ。君のをそのまま出すわけにはいかない。作り直して、直接、先方の役員にねじ込んでみよう」

●部下の仕事に口をはさんでいないか？

この上司には、部下に仕事を任せ、達成させることが、部下の成長にとっていかに必要かという認識がまったくない。さらに部下育成という観点からすると、この上司は過ちを三つ犯している。

一つ目は、部下と一緒に考える姿勢がまったくないことだ。ただ、部下を責めるだけでは、なんの解決にもならない。「君は何年この仕事をしているんだ」とは、上司がよく使う言葉であるが、言ってはいけない言葉の代表である。部下を信頼していないだけでなく、部下のプライドをも傷つけてしまうからだ。

二つ目は、部下をまったく承認していないことである。

この部下は、先方の要求が厳しくても、何とかオプションの値引きを模索したり、新しい企画を考えている。それもなんとかいけそうである。

にもかかわらず、この上司は部下の欠点しか見ていない。「よくやった」と思えることは、よく観察していないと見逃してしまう。観察するのは上司の仕事なのだから、この点からも注意力が欠けている。

三つ目に決定的なのが、部下の仕事を横取りしてしまっている点だ。

もし、この部下に任せられないのなら、最初から任せなければいいのである。いったん任せておいて、途中で横やりを入れるのなら、部下の納得するそれなりの理由を示す必要がある。このままでは、部下はこの仕事からなんの達成感も得ることができない。

上司の単なる仕事の横取りである。


【教訓】部下に仕事を任せ、最後までやらさなければ部下は育たない

任せなければ部下は育たない

上司の職務は大きく分けて二つある。「上司自身の業務の達成」と「組織目標の達成」である。

どちらのほうが大切かというと、組織目標の達成のほうがはるかに大切だ。上司がいくら個人の業務目標を達成したとしても、組織の目標を達成しなければ、組織は生き残っていくことができないからだ。

組織目標を達成するために不可欠なのが、「部下育成」である。上司がいくら仕事ができても、部下が育たなければ組織目標を達成することはできない。

ではどうしたら部下は育つのか――。

それは「任せる」ことである。部下の立場に立ってみよう。

「これは君に頼んだよ」と任せられると、部下はまず自分で考え、工夫し、悩み、結果を出そうとする。このプロセスこそが部下を成長させるのである。

また任せられると「やる気」の度合いが違ってくる。自分は信頼されているという気持ちが、部下のモチベーションを高めるからである。

しかし逆に、いつまでたっても任せられないと、仕事を覚えようとしないばかりか、信頼されていないという不信感が、部下のやる気をなくさせる。

以前、ある会社の管理職研修で、部下に仕事を任せられない理由を挙げてもらったことがある。その理由は以下のとおりであった。

①自分でやったほうが速い
②ミスは許されない
③部下にやる気が感じられない
④信頼できない
⑤自分の仕事がなくなる

要は⑤以外は、任せられるほど部下が育っていないということである。しかし、部下に任せて育てないかぎり、①~④は、いつまでたっても解決されない。

一方⑤は、上司としての仕事の本質をわかっていないのである。何度も繰り返すことになるが、上司の仕事は部下と同じレベルで作ったり売ったりすることではなく、作ったり売ったりする部下を「育てる」ことにある。

たしかに上司としては、自分でやってしまったほうが手っ取り早く、一時的な成果を出すこともできる。しかし、それがよくない。

問題は、より深刻なかたちで、後日必ずあらわれる。

まず上司に仕事が集中し、ミスが多くなる。人間しょせん一人でできることには限界がある。部下を育てないで組織目標を達成しようとすれば、当然、上司に無理な負担がかかる。上司が病気にでもかかったら、それでおしまいである。

また職場全体の士気を低下させる。部下たちは「いったい俺たちはなんのために会社へ来ているのか」と思うようになるだろう。自ら学ぼうとすることはなくなり、やる気のある部下のやる気を失わせ、もともとやる気のない部下にラクをさせるだけだ。

さらに、この上司が抜けて別の上司が来たときには、最初からやり直さなければならず、仕事の流れを停滞させてしまう。

部下に仕事を任せて、彼らを育てることは、忍耐のいることである。それが十分な成果となってあらわれるまでには時間がかかる。しかし、時間がかかるからこそ、すぐ始めなければならない。

1日早く始めれば、半年後、1年後に1日早く、よりたしかな成果を得ることができるのである。

――部下に任せる実践的コーチング術①――

◆1日早く始めれば、1日早く部下は育つ

任せても「放任」にはしない

「君に任せた」
「あとは頼んだよ」
「好きにやってくれ」

こうした言葉は、仕事を部下に任せるときによく使われる言葉である。しかし、これが単なる「放任」になると話は別だ。

「任せる」ことと「放任」とは違う。放任というのは任せっ放しにすること。すなわち、任せたきり、なんのチェックや確認も入れず、具体的な行動として、なんの関心も示さないことだ。これでは最終的な責任をとるのは上司なのだという、上司としての覚悟が見られない。さらに、部下をやる気にさせ、育てるという上司としての本来の仕事も放棄されている。

「放任」になってはいけない。仕事を部下に「放任」した上司ほど、あとになって、その仕事の結果に文句をつける。

「そんなやり方でやれと言った覚えはないぞ」

「君なら大丈夫と信じていたのに、結果がこれじゃね」

「そのくらい言われなくても常識じゃないか。何年この仕事をやっているんだ」

完全に任せきったのなら、あとになってどういう結果が出ようと、文句はないはずだ。しかし、こうした上司ほど、あとになって文句を言うものだ。

「放任」にされると、部下は不安を感じる。上司が、その任せたことに関心を示さず、責任だけ押しつけられるからだ。そのうえ、結果には文句をつけられるというのでは、部下はたまったものではない。

放任と「任せる」との区別をあらわす言葉に、「任せて任さず」という言葉がある。松下幸之助さんは、「なぜ成功したのですか」と聞かれたとき、先に述べたように「学歴がなかったから、人に聞き、教えてもらうことができた」と答えるとともに、もう一つ「体が弱かったので、人に任せることができた」という答えもあった。

たしかに松下電器では、世界で初めて事業部制を導入し、それぞれの事業部長には大幅な権限が与えられた。そこで多くの人材が育ったのである。

それは松下幸之助さんが任せっ放しにはしなかったからである。

すなわち、売上げ、利益、あるいはさまざまな問題について、逐一本社に報告があがるようにし、その都度、効果的な手が打たれたからである。

人に仕事を任せるというのは勇気が必要である。上司としての器の大きさも問われる。しかし、任せないと部下は育たない。

一番よくないのが、任せっ放しにすることだ。「任せて任さず」というのが大切である。

――部下に任せる実践的コーチング術②――

◆任せて、任せっ放しにしない

上司は脇役、部下が主役

会社における主役は誰だろう。

多くの場合、圧倒的多数を占める部下ではなく、わずかな人数の経営陣が主役となってしまっている。

経営陣が注目を浴び、経営陣が賞賛される。組織の中では、その経営陣の命を受けた上司が重要な仕事を抱え込み、部下には補助的な役割しか与えられない。

しかし、「この仕事の主役は自分だ」という意識がないかぎり、部下は育たない。いつまでも脇役としての意識に甘んじているかぎり、部下はけっして育たないのである。

人は誰でも、①仕事ができるようになりたい、②ほめられたい、③周囲から認められたい、という欲求を持っている。すなわち、自分が主役になりたいのである。だから、部下の意識を上司の脇役から仕事の主役へと変えてやる必要がある。

そのためには三つのことが大切だ。

一つ目は部下に自信をつけさせることである。

ではどうしたら自信がつくだろう。それは勝ち癖をつけさせることだ。できるだけたくさん小さな成功の体験をさせることである。

しかし、部下に成功体験をさせるからといって、上司がすぐ手を出したり、かわりにやってしまうのでは意味がない。部下にチャレンジさせ、自分自身の成功体験をつくらせるのである。

二つ目は、良いことがあったら部下の功績とし、悪いことがあったら、上司が責任をとることである。

実際は良いことがあると自分の手柄とし、悪いことがあると部下に責任を押しつける上司が意外と多い。これでは部下からの信頼は得られない。

むしろ上司は脇役でいいのである。部下が育ち、部下がイキイキと仕事をし、組織目標が達成されれば、それは最終的には上司の功績となるからだ。

上司の最大の職務は、部下の仕事をやりやすくすること、その環境をつくり出すことである。自らは黒子に徹し、部下を前面に押し出し、部下を主役にすることができたら、あなたは一流の上司といっていい。

三つ目は、部下の成功を心から喜べることである。

部下の成功は、つまるところ上司である自分自身の成功である。したがって、わが事として喜べることが大切だ。

いつまでも自分が主役でいたいという上司は、ときには部下の足を引っ張ったり、ときには嫉妬したりする。

昔からできる上司よりも、少しできない上司についたほうが、部下が育つといわれるのは、〝主役〟になれる機会が多いからである。

上司はいつも部下を観察し、目立たない部下にも十分関心を払う必要がある。目立たない部下ほど隠れた能力を持っていることが多いからである。

部下に仕事を任せ、部下の一人ひとりが主役として活躍できる場をつくり出すことだ。

―――部下に任せる実践的コーチング術③―――

◆上司はいつでも〝自分が主役〟気分でいない

任せることで上司自身が成長できる

伊藤部長は部下に仕事を任せ、部下を育てる名人である。部下に適切に仕事を任せることで、彼自身は絶えず先を読んで、次の仕事、新しい段階にチャレンジしてきた。彼は次期役員としての評価が高い。

一方、福山課長は伊藤部長と同期入社であるが、部下になかなか仕事を任せない。部下にいつも細かい指示を出し、時にはやさしい簡単な仕事でも自分でやってしまう。彼が一生懸命やればやるほど部下は動かなくなる。

彼は自分の業務については誰よりも精通しているが、組織としての成果を生み出すことができない。

伊藤部長と話をすると、会社全体の動きから将来の戦略、財務、マーケティングに至るまで、実に詳しい。いつ勉強しているのかと思えるほどである。

しかし、福山課長は、いまの仕事のことで頭がいっぱいである。同期でありながら能力開発のレベルには雲泥の差がある。

なぜこうも違ってきたのかと言えば、伊藤部長は部下を信頼し、部下に任せ、部下を育ててきたことによって、自分は次へのチャレンジを絶えずしてきたからである。それに対して福山課長は、部下を信頼せず、自分がやることによって部下を育てず、その結果、新たなチャレンジをする機会を逃してきたのである。

こういう上司にかぎって従来の仕事のやり方に固執し、融通が利かず、モノの見方も固定観念化し、新しい仕事のやり方を模索するとき、組織や部下にとってじゃまな存在となる。

上司にとって、いまの仕事は終着駅ではない。

自らまだまだ「発展途上」であることを知らなければならない。

部下に仕事を任せることで、上司はマネジメントを学び、それだけではなく、もう一段上へ成長するための機会を作ることができるのである。

——部下に任せる実践的コーチング術④——

◆任せることでもう一段上へ成長するための機会が得られる

改善テーマ

◉どうしたら部下に仕事を任せられるか

《ケーススタディ・コーチングの現場より》

大島課長は、実に精力的な人で、働き者である。細かい指示を的確に出していく。声も大きく、体も大きい。オフィスの中で、彼はいつも動きまわっている。先日、事務所の引っ越しが行なわれた。彼は、引っ越し業者の選定から相見積もりのとり方、新オフィスに持っていく機材と、他部門に譲ったり廃棄する機材の選定、取引先への通知書の文面など、ほとんどのことを自ら決め、指示を出していく。一方で、営業課長としての仕事もこなしている。

私（筆者）「あなたの職場の課題は何ですか」
大島「部下にやる気がみられないんですよ」
私「どういうことですか」

大島「言われたことしか、やりません。自ら考えるとか、工夫してみるとか提案をしてくるということがないんです」

私「何か、具体的な事例がありますか」

大島「先日、オフィスの引っ越しがあったのですが、一から十まで私が指示しないと動かないんです。引っ越しなんていうのは、皆で力を合わせないとできませんからね。でも皆、他人事なんです。疲れてしまいますよ。他のことでも何でもそうなんです。そろそろ、いい加減に自立してもらわなくては困るんです」

私「部下を育てるために、意識して、していることは何ですか」

大島「いろいろと教えてはいるんですね。細かいところまで。言われなきゃ、わからないんですよ」

私「大島さんの部下は、やる気のない人たちばかりなんですか」

大島「いいえ、そんなことはないと思います。まがりなりにも、給料をもらっているわけですから」

私「そうすると、本当は、やる気のある部下ではあるけれども、やる気のない状態が続いているというわけですね」
大島「そうかも知れません」
私「部下のやる気を妨げているものは何だと思いますか」
大島「もともとやる気のないやつもいますよ」
私「たしかにそうかも知れませんが、やる気を妨げているという仮定で見てみたとしたら、どうでしょう」
大島「うちは、給料、安いですからね」
私「……」
大島「他には、えーっと、ちょっと思いあたらないですね」
私「大島さんのことを部下の人たちは、どう思っていると思いますか」
大島「ウルサイやつぐらいにしか思っていないんじゃないですか。現にウルサイですから。でも、ウルサイと思われるぐらいじゃないと部下は動きませんよ」
私「あなたの関わり方は部下をやる気にさせていると思いますか」
大島「……」

私「もし、大島さんの関わり方次第で、部下のやる気を引き出すことができるとしたら、どのようにしてみますか」
大島「今のやり方では、駄目だということですか」
私「いえ、そうではありません。他の可能性も探って欲しいのです」
大島「もう少し、任せてみるというのは、あるかも知れませんね。しかし、連中、やるかなあ。任せられるくらいなら、もうとっくに任せてるんですけど。部下のために一生懸命、やっているんですけど、それが裏目に出ているのかなあ」

●部下を変えようと思うなら、まず自分自身が変わる

その後、大島課長は仕事を徐々に部下に任せてみるようにした。

「これやっておいてくれないか」

「どうしたらいいんですか」と部下。

「自分なりに考えてみてくれ」

彼にとっては大きな勇気が必要であった。部下も最初は戸惑っていた。

その後、つい口出しをしてしまったり、あいかわらず自分でやってしまうこともあったが、任せ続けてみると、職場の雰囲気が明らかに違ってきたのである。

大島課長の目から見て、やる気がないと思われていた部下のやる気が発揮されるようになったのである。

ある時、もっともやる気がないと思っていた部下の一人が、近づいた特別セールの企画を作って持ってきた。いままで彼が、頼まれもしないのに自ら企画を作って持ってくることなどまったくなかったことである。しかも部下が持ってきた企画の内容は、斬新で、とうてい大島課長の思いつくようなものではなかった。

いままでは大島課長が企画を作り、それを部下に指示し、そのとおりに行なわれていただけである。

部下は同僚や後輩に相談してまとめたという。仕事を任せることによって、部下たちの間に団結力も生まれたようである。

部下は上司によって変わる。部下にやる気がないのではなく、あなたの関わり方が部下のやる気をそいでいるのだ。

大島課長がコーチングを通して部下への接し方を変えるのにしたがい、部下の態度ややる気に変化が見られ、職場の雰囲気も変わったのである。

部下を変えようと思ったら、まず上司自身が変わることだ。

部下を直接変えることはむずかしいが、自分を変えることならできる。そして、自分が変われば部下も変わるのである。

●コーチングの視点から

任せないとこんな弊害が生じる——思い当たることがあれば要注意！

「人は誰でも無限の可能性を持っている」というのがコーチングの基本的な哲学である。すなわち、あなたの部下も無限の可能性を持っている。

その可能性を開花させるかどうかは、上司の責任である。

では、部下の可能性は何によって開花するのか——。

それは、仕事を「任せられる」ことによってである。任せられることにより、部下は初めて当事者意識を持ち、自らの責任で育つことができるのである。

部下は仕事を経験することによって能力を伸ばす。重要な仕事を上司だけでこなしていると、いつまでたっても部下はその仕事を経験できないし、ましてや育つこともできない。

上司は、部下を会社から一時的に預かっているのである。部下を一人前にして会社に返す責任と義務がある。

上司が仕事を抱え込んで、部下に仕事を任せず、育てないと、さまざまな弊害が生じる。代表的なものを列記してみよう。

弊害①——職場全体の士気が低下する

大切な仕事をいつまでたっても部下に任せないと、部下としては「いったい俺たちはなんのために会社に来ているのか」と思うようになる。やる気のある部下はやる気をなくし、もともとやる気のない部下は主体性のない指示待ち族になるだけだ。

上司だけが忙しい思いをし、そのうち上司へのグチや文句が多くなる。職場の士気は低下し、生産性のない仕事場になってしまう。

弊害②——仕事の質と量が低下する

部下が育たないと、当然、仕事は上司に集中する。しかし、一人の人間にできることにはかぎりがある。上司一人が「忙しい忙しい」とバタバタしている職場では、仕事の質が低下し、ミスやクレームが多くなる。

さらに、仕事が効率的に分散されない結果、そこでこなすことのできる仕事の量も低下してしまう。

石田課長は、きわめて優秀な営業マンである。管理職になってからも、彼は第一線の営業に出て、大口の結果をつくっている。実際、彼の課の売上げの半分は、課長がつくってきたものである。

ところで彼は、自分の営業のノウハウを部下に教えない。とくにもっとも売上げの大きいC社とD社は、ずっと課長の担当のまま。彼は両社には自分の部下を連れて行かず、仕事を抱え込んでいるのである。

そのうち仕事が忙しくなってくると、課長はC社とD社を訪問することができなくなり、連絡もおろそかになってきた。

そうこうしているうちに石田課長は引き抜きにあい、他社に移ってしまった。その後、まもなくC社とD社は、その会社との契約をうち切ってきた。

石田課長の仕事のノウハウは、本来、会社の財産でもあるはずだ。石田課長が、そのノウハウの共有化を図ってこなかったばかりに、このような結果になったのである。

弊害③——仕事の流れがストップする

部下に仕事を任せず育てることを怠ると、仕事がわかっている人が休んだり他部署へ異動になったりすると、仕事の流れがストップしてしまう。

A社は総務の吉田さんを他部署に異動させることができない。吉田さんは20年間、ずっと総務の仕事をしており、彼女なくしては総務の仕事は動かない。

彼女の上司の総務課長は、いままで5人変わった。新任の課長は、必ず彼女から仕事のやり方を教わる。

総務の中で彼女の立場はますます強くなり、誰も彼女に逆らえない。彼女の後輩は、仕事を覚えてくると、彼女からの嫌がらせを受け、会社を辞めてしまう。課長たちも職務が停滞するのを恐れて、彼女の機嫌をとる。

たしかに彼女がいなくなると、仕事の流れがストップしてしまうが、これでは組織としての機能は果たされていない。この状態が続けば続くほど、組織としては危険な状態になっていく。

彼女に真剣に部下を育てる気がないなら、早速にでも退場を願うことだ。すでにかなり手遅れであるが…。

弊害④――有能な部下から順に会社を辞めてしまう

部下は誰もが成長したい、自分の能力を高めたいと願っているものだ。とくに有能な部下ほどそうである。

しかし仕事を任せられないと、職場における自分の存在意義を見出すことができないばかりでなく、成長の実感を味わうこともできない。そこで、やる気があり、有能な部下ほど、自分がもっと活躍できる新天地を求めて去っていってしまう。

会社にとって大きな損失である。

弊害⑤——上司も成長しない

仕事を任せて部下を育てないと、上司自身も次へのチャレンジができず成長しない。そのうち、自分の現在の仕事の領域を守ろうとし始める。

本来、人はさまざまな仕事、さまざまな経験を通して成長するはずである。自分の仕事を抱え込み、守ろうとし始めると、変化への対応力が失われ、限定的な能力しか開発されなくなる。

つまり、仕事を任せないことは、上司にとってもよくないのである。

部下を伸ばしたければ仕事を任せること。自分が伸びたければ、同じく部下に仕事を任せることだ。

以上のように、仕事を任せず、部下を育てないことは、さまざまな弊害が生じる。最終的には会社の業績にも影響してくる。

あなたの部下には、あなたを超える無限の可能性があると信じてみることだ。たしかに部下に仕事を任せるためには勇気が必要である。だからこそ部下を信じ、この勇気を発揮し、部下の成長を心から喜べる上司だけが、上司としての真の資格を持つのである。

●具体的対策①
仕事を任せるとき心掛けておきたいこと

部下に仕事を任せるといっても、やみくもに任せるのではない。部下のやる気を引き出し、その業務を達成させるためには、次のことを準備しておかなければならない。

①部下を観察し、部下の能力レベルを正確に把握すること

部下がその仕事に対して、どの程度のレベルにあるかによって、任せ方、さらにその後の関わり方も違ってくる。かなりできる部下に、やさしい業務を与えてしまうと、部下にとっては時間の無駄であるばかりでなく、やる気を失わせてしまう。逆に、できない部下に困難な仕事を任せても、ストレスを貯めさせるだけで最後には自信を失わせてしまう（部下のレベルに応じた仕事の任せ方については5章参照）。

②その仕事の〝意味〟を伝える

その仕事が組織全体の中で、どういう意味を持っているのかで、部下の仕事に対する

仕事の重要度と緊急度のマトリクス

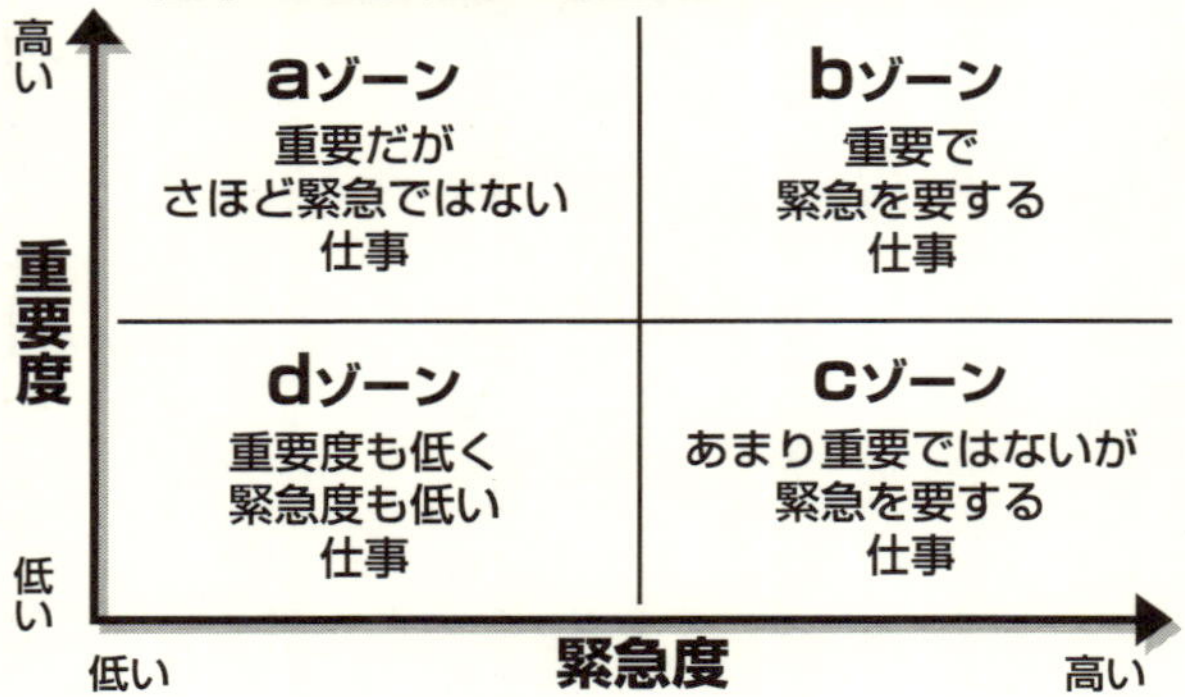

取り組み方も違ってくる。たとえば、同じ書類を作るのでも、社内会議用として作るのと、クライアント用に作るのとでは、その意味がまったく違うはずである。

具体的には、次のように考えるとわかりやすい。

仕事の意味とは、仕事の内容を重要度と緊急度に分けて、そのマトリクスの中で決まってくる。会社の中にはさまざまな仕事があるが、その意味は大きく分けると次の四つに分けられる。

★重要だが、さほど緊急ではない仕事

——aゾーン

★重要であり緊急を要する仕事

——bゾーン

★あまり重要ではないが緊急を要する仕事――cゾーン
★重要度も低く緊急度も低い仕事――――dゾーン

この仕事に対する認識が上司と部下でくい違ってしまうと、あとで必ず問題が生じる。

「すぐやってくれって言ったじゃないか」

「重要な問題なんだ。それぐらい自分で考えてもわかるだろう」

という上司のいらだちの原因となるわけである。

あるいは、仕事の途中で、その仕事の重要度と緊急度が変わってくる場合もある。当然、上司は、その都度部下に伝える必要がある。

③ゴール（目標）を明確にする

ゴールが明確でないと、達成感を体験することができない。にもかかわらず、往々にしてゴールが明示されないことが多い。

「これやっておいて」

「これ頼んだよ」

と言いっ放しだと、部下にとってはいつからこの仕事に取りかかり、どこまでやったらいいのか明確ではない。部下のストレスの原因にもなる。

部下をやる気にさせるのに大切なことは、前にも述べたように小さな成功体験を積み重ねさせることだ。それにより部下は、勝ち癖をつけ、大きな自信を得ていくのである。どこまでがゴールか、上司は部下に指示し、段階的に明確にしておくことが必要である。

④部下に対する関わり方を決めておく

部下にとっては、やり方に関してはあまりごちゃごちゃ言われないで、見ていて欲しいという人や、その都度やり方などに関して伝えて欲しいという人もいる。そこで、仕事の途中で、部下に対してどのように関わったらよいか、また報告、連絡、相談など部下にどのような時点で、どうして欲しいかをあらかじめ決め、伝えておく必要がある。

部下に対する関わり方を決めるためには、部下のタイプを知ることが必要である。

部下のタイプを知るためには、部下の動機、欲求によってタイプ分けをする「D・iSC理論」という考え方が有用だ（5章参照）。この理論では、部下のタイプをD（主導型）、i（感化型）、S（安定型）、C（慎重型）に分けて、それぞれに応じた関わり方を示している。詳しくは5章を参照して欲しいが、基本となる考え方は、部下のタイプを知ってそれに合った関わり方をするということだ。

そして、部下が成果を作ったときには、精一杯承認し、ほめてあげることだ。部下にとっては仕事を任せられたことに対する喜びを、心から体験する瞬間だ。上司の心のこもった承認によって、部下の中に自信が膨らみ、次のチャレンジへの支えとなる。

承認の仕方、ほめ方、に関しては、再度2章を参考にして欲しい。

努力したにもかかわらず、部下がゴールを達成できなかったときには、誠実にその努力を認め、そのうえで「どうしたらよいか」と質問してみる。

この質問によって、部下は考え、さらに未来に向かって結果を生んでいこうという決意を高め、成長していくはずである。（「質問することで部下は鍛えられる」3章参照）。

◎4章のまとめ

1) 部下に任せなければ部下は育たない。部下が育たなければ、組織の目標は達成できない。
2) 「任せて、任せず」で、部下は、安心して大きく育つ。
3) 上司の最大の職務は、部下に仕事をやりやすい環境をつくり出すこと。そのためには、自らは黒子に徹し、部下を主役にすることだ。
4) 部下に仕事を任せることで、上司はもう一段成長するための機会を得ることができる。
5) コーチングを機能させるためには、上司は、仕事を任せないことの弊害を理解し、効果的な任せ方を学ばなければならない。

5章

部下に合わせたコーチング術

——部下を理解する

部下について理解しておきたい二つのこと

コーチングとは一言でいうなら「相手の自発的な行動を促進させるためのコミュニケーション」である。

とくにビジネスにおいては「部下の無限の可能性を信じ、仕事を任せることによって、その持ち味を引き出し、自発的かつ継続的な成長を実現するためのコミュニケーション」ということになる。

コーチングを成功させ、上司・部下とも満足のいく成果を手にするためには、そもそも上司は部下の〝何を〟理解する必要があるのだろうか。

ある上司は、部下の生い立ちから家族構成まで、あらゆることを知ろうとし、一方の上司は、部下を知ることにあまり興味を示さない。

どちらがよいかということはいえないが、少なくとも上司には、部下を成長をさせ、一人前に育てる責任と義務があることだけは確かである。

それでは、部下の成長は何によって確認されるのか——。それは部下の日々の生活の中で、いかに「自発的な行動」が、あらわれてきたかによってである。たとえ部下の意識が前向きになったとしても、それが自発的な行動となってあらわれていなければ、コーチングがうまく機能しているとはいえない。コーチングはあくまでも「自発的な行動」を促すためのスキルなのである。

では改めて、「自発的な行動」を促すという点から上司は部下の何を理解すればよいのだろう——。

前にも述べたように、私は上司が部下のプライバシーをあれやこれやと詮索するのは好ましくないが、たとえプライベートなことでも、仕事に影響を及ぼす可能性のある範囲では、部下のことを知らなければならないと考える。こうした「情報」はもちろん大切だが、ここで理解してほしいと述べているのは、部下の「人となり」を特徴づけているもののことである。最低限次の二つのことを理解してほしい。

一つは、自分の部下は、どのようなことに関心を持つ人間であるのか、ということである。すなわち部下の「動機」と「欲求」だ。

人が「自発的な行動」をとるとき、その行動の底には必ずその人を動かす関心事、すなわち「動機」と「欲求」がある。それをまず知る必要がある。

さらにもう一つ、上司は、部下のその仕事に対する「能力レベル」を理解しなければならない。そのレベルに応じて上司の関わり方、すなわちコーチングスタイルも違ってくるからである。

上司は部下に関して、できるだけ多くの情報を持っているのにこしたことはない。そのためにも日頃から部下を観察し、部下の話に耳を傾ける必要がある。

以下の項目で、「動機」と「欲求」にもとづく部下の行動パターンと「能力レベル」にもとづく関わり方を解説することにしよう。それがコーチングを成功させ、上司・部下とも満足のいく成果を手に入れることにつながっていくはずだからだ。

部下の〝行動パターン〟を知る

●部下はあなたの都合で動かない

多くの上司が、自分の都合で部下を動かそうとする。しかし新商品の開拓に燃える部下もいれば、このような開拓には、あまり関心がないけれども、じっくりそのメンテナンスをしていくことにやる気を見い出す部下もいる。どちらが正しく、どちらが間違っているというのではなく、その人の「動機」「欲求」が他の人と違うだけだ。部下は部下の都合で動くのである。

そこで、まず部下を観察し、理解することが必要になる。その部下がどのようなことに関心がある人間かを知れば、部下をやる気にさせることは、それほど困難なことではない。

ただし、部下も十人十色、百人百様、千差万別、一人ひとりにあったコーチングを考えるのは、あまり実践的ではなく、日々のスピードが要求される仕事の中では役に立たない。

ここで紹介する「DiSC理論」は、人の行動パターンは、その人の動機、欲求にもとづいて四つに分類することができるというものである。つまり人が、どのような動機、欲求をもっているかは、外からはなかなかわからないが、それはその人の行動パターンとなって、外から見えるかたちとなってあらわれる。これを四つの型に分類し、それぞれの特徴づけをしたのがこの理論なのである。そして、この理論を一般的な人だけでなく、より具体的に部下指導にも役立てようというのである。

DiSCの分類は以下のとおりである。

①D＝主導型（Dominance）

②i＝感化型（influence）

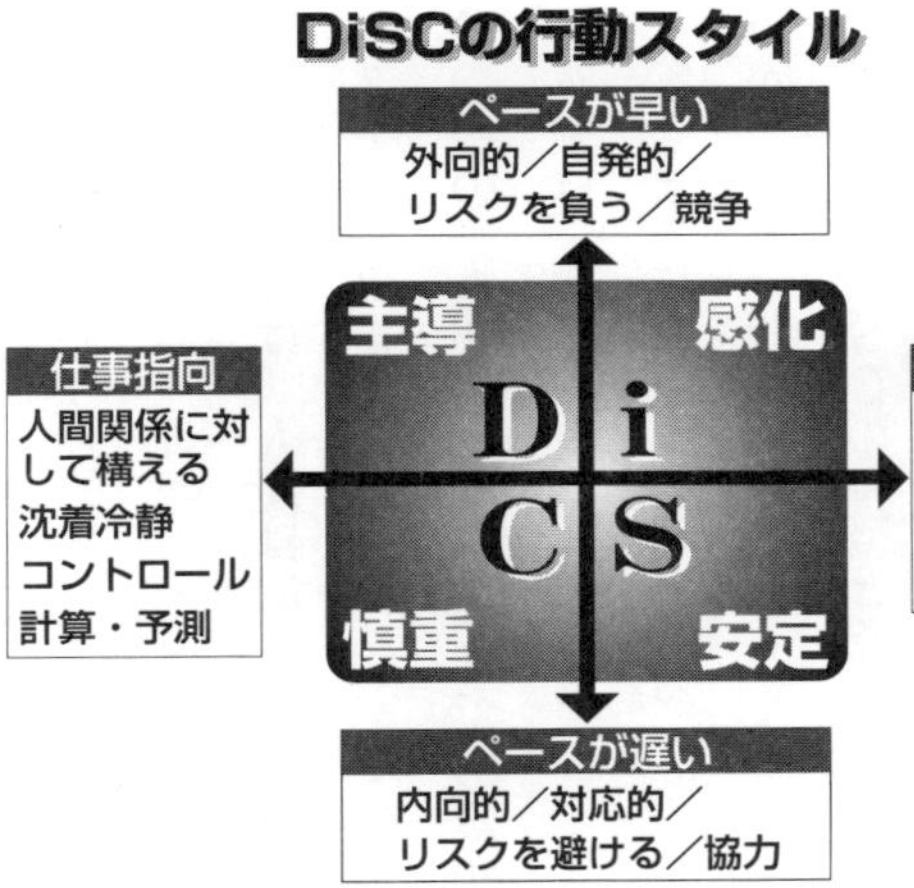

③S＝安定型（Steadiness）
④C＝慎重型（Conscientiousness）

この理論は、1920年代にアメリカの行動心理学者ウィアム・ムートン・マーストン博士（ポリオグラフの開発者）によって提唱され、人の行動パターンを判断するツールとして世界84カ国で、4000万人に利用されてきた。

DiSCは、世界各国で多くの実証試験が行なわれ、現在、この種の分析ツールの中ではもっとも一般的に利用されるようになっている。

欧米のコーチングの教本でも、このDiSCによる個別対応の有効性が、必ずといってよいほど紹介されている。

●部下のタイプがわかればコーチングも見えてくる

ＤｉＳＣは、「性格」「考え方」「感性」など、人の内面を分析するのではなく、「行動パターン」という外的にあらわれた部分を分析するので、実にわかりやすい。私も、さまざまな研修で、このツールを使っている。

ＤｉＳＣでは、人間は四つの要素のすべてを有しており、それらの強弱によって行動パターンが決まると考える。その人の行動パターンを特徴づけているのは、このＤｉＳＣの中の、もっとも強い要素であるが、単一の要素で説明できるのは20％弱で、残り80％強は、複数の要素（Ｄｉ型　ＤｉＳ型など）で説明されるわけである。

参考までに、日本人における一番強い要素の割合は、Ｓが四割、Ｃが三割、ｉが二割、Ｄが一割といわれている。

以下にＤｉＳＣの特徴とそれに対する適切なコーチングについて述べるので、自分の部下を想定しながら読んでいただければと思う。

部下のタイプを考えることで、部下に対する関心はより高まる。またタイプ分けすることにより、部下に関わる新しい視点が加わり、コーチングもより効果的になるはずだ。

成果や結論を早く出したがる意思決定の早い人＝Dタイプ

ある中堅建設会社の営業主任である初鹿野君は、思うように力が発揮できずに悩んでいる。彼は、何よりも結果を重視するタイプで、行動的で、直線的ではあるが、一方で言いたいこともズケズケと言う。しかし細かいことは、かなり苦手である。

それとは逆に、彼の上司は、緻密な人で、彼にいちいち仕事の途中経過の細い報告を求める。経理清算のちょっとした間違いについても、きつく叱責をする。

だから初鹿野君は、自分で鋳型にはめられたような気持ちで、力も発揮できず、上司に嫌われていると思いこんでいるのである。

この場合の初鹿野君は、「D＝主導型」の高い部下の典型例である。

Dの高い部下は、上司からみると、わがままで根気がなく、反抗的と映りやすい。

しかし、Dの高い部下は、なんとしても結果をつくりたいという動機・欲求が強いので、小さな細いことに目をつぶってあげると、水を得た魚のように行動するのである。

●Dの高い部下の行動パターン

Dの高い部下は、人からコントロールされることを嫌がり、自分で仕切りたがる。Dの高い部下は、意思決定が早く、自分なりのやり方で結果を出そうとし、人にも言いたいことをはっきりと言う。しかし、ルールや全体のチームワークには、あまり関心がない。まとめると次のようになる。

▽結果を直ちに求める

早く成果を出そうとし、要は、どうすることが必要なのかと結論を求める。

▽行動を起こす

悩んだり考えたりするより、まず行動を起こそうとする。

▽挑戦を受けて立つ

困難、プレッシャーにたじろぐことなく戦かおうとする。

▽意思決定が速い

買うか買わないか、やるかやらないか、速い決定を良しとする。

▽現状に疑問を投げかける

マニュアル化されたやり方、既成のパッケージは気に入らない。大胆な簡素化、自己流を主張したがる。
▽権限を求める
いちいち人の指示を受けたり、決裁を受けるのを嫌がる。自分で仕切りたがる。

自分の部下の行動の端々を思い出して、これらの行動や傾向が強く出ているなら、彼はDの要素がきわめて高いはずだ。

●Dの高い部下へのコーチング

まず、彼がチャレンジしたくなるような目標（ゴール）を明示してあげることが大切だ。さらに、その目標を達成した時の報酬、場合によっては、権限を示してやることが必要になる。

たとえば、資格アップ、名刺のタイトル（肩書き）、机の位置、イスのランクアップなど具体的なインセンティブが効果的。また、期待していることを伝え、次の大きな仕事へのチャレンジを積極的に促すとよい。とにかく、報酬を明示すると、このタイプは燃えるのである。短期決戦のプロジェクト、新規開拓、新規事業などに向いている。

「この仕事を任せられるのは、君しかいない」

重視するもの

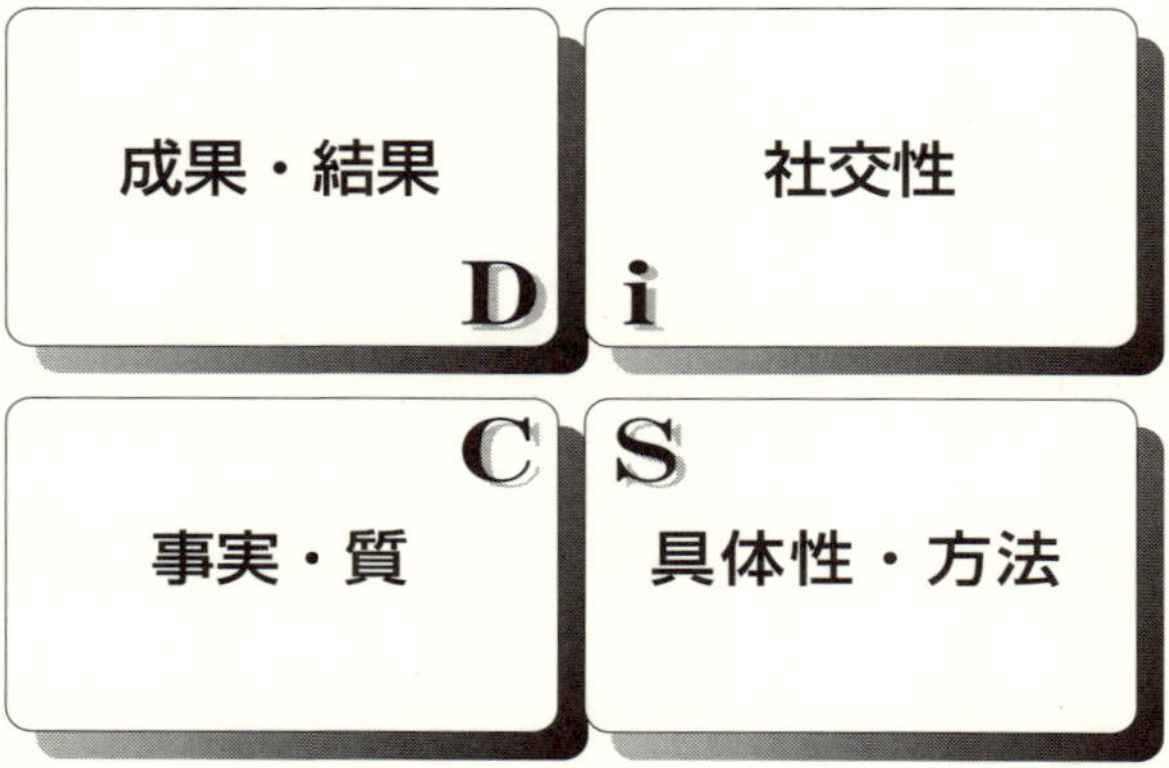

「君なら、結果を出してくれると期待している」
「この仕事で成果を出してくれたら、さらに大きな仕事を任せる」
などのように「成果、結果」に重点をおいて関わるのが、より効果的。

逆に、Dの高い部下に対して、ただ「頑張れ！」というだけでゴールを示さなかったり、彼の自由裁量の幅を小さくし、細い指示や、説明に従わせようとすると、やる気をなくしてしまうので要注意。

Dの高い部下に、結果が見えず、忍耐を要するような細い事務的な仕事に長期間従事させるのは、得策ではない。

社交的で、ほめられるとやる気になる人＝iタイプ

ある外食産業の店長は、非常にほめ上手。部下や、スタッフのどんな小さなことも見逃さず、心をこめてほめる。

朝のミーティングでは、一人ひとりの昨日の言葉違いまでしっかりと記憶しており、良かった点を、全員の前で承認するという取り組みをしている。

この店には、われわれのＤｉＳＣ研修での分析で「ｉ」の高いスタッフが多いことがわかっているので、店長の動機づけは、的を得ているといえる。それが功を奏して、スタッフは実ににぎやかにイキイキと張り切って仕事をしている。モラルも高く、この一年間、遅刻、欠勤などは一度もない。

このように、ｉの高い部下に対しては、とくに「ほめる」ことを重視することが大切だ。

●ｉの高い部下の行動パターン

ｉの高い部下は、社交的で人と接するのを好む。感情表現が豊かで、肯定的である。また、明るく前向きで、周囲も明るくする。しかし、反面、粘り強さや緻密さに欠け、また、仕事の成果や、人に対しても厳しさに欠けるきらいがある。楽観的なのである。

まとめると、次のようになる。

▽人と接する
自分から積極的に人とかかわる。
▽良い印象を与える
肯定的で明るい。
▽はっきりものを言う
感情表現が豊かで、抑揚もある。
▽やる気を起こす環境をつくる
「どうせやるなら、楽しくやろうよ」と。
▽他人をはげます
自ら援助を申し出て人を喜ばせる。
▽楽観的である

動機づけのポイント

難しいことでも、安易に引き受けてしまうが、あまり後悔しない。

こういう部下、いませんか。実は、私（筆者）は、きわめて〝ｉ〟が高く、ほめられるとやたら深く考えもせず、いろいろなことを引き受けてしまう傾向にある。

●ｉの高い部下へのコーチング

一番効果的なのは、気がついたことを言葉にあらわし、ほめてあげることだ。「ほめられたい」という気持ちは誰でも持っているが、ｉタイプの人は特にその気持ちが強い。態度、服装のセンス、仕事の成果、表情など、なんでもよい。さらに、活躍を期待し、注目していることなど。さらに、経営陣や上層部もほめていることなどを伝えると俄然ハッスルする。

「君の仕事を常務もほめていたよ」

「君には、皆注目しているからね」

「そのネクタイ、いいセンスだね。そのスーツにピッタリだ」

とたくさん、ほめてあげることが効果的。

逆にiの高い部下に対して、存在や働きを無視したり正確で緻密なことを求めたり、単調な業務を強いたりするとやる気がなくなってしまう。

また、iの高い部下は楽観的で、期限を守らなかったり、物事の優先順位が明確でなかったりするので、コーチングにあたっては、注意してあげることが必要だ。

変化をあまり好まず安定を求める人＝Sタイプ

筆者は以前、ある化学薬品メーカーで社員研修を行なった。この会社は、10年ほど前には、業界で半分近くのシェアを誇っており、製品は黙っていても売れるという時代が長く続いた。しかし、その後、後発メーカーの猛追にもあい、現在シェアをどんどん落している。

それも無理のないことかも知れない。

なぜなら、DiSC分析によると、この会社では、管理職になればなるほど他の会社よりS（安定型）が、かなり強いことがわかったからである。一般的にはSの割合は、平均すると社員構成の中で40％程度であるが、この会社の場合は50％以上の管理職が、Sがもっとも高い要素であるということがわかったのである。研修の休憩時間には、時々先輩社員から、次のような声が聞こえてくる。

「俺たちは、もう企業年金をもらって去っていく身だから、今さら新しいことにチャレンジなんかしたくない。このままでいい」

嫌いなこと

D	i
・他人にコントロールされること ・成果がないこと	・複雑で細かいことを処理すること ・一人で仕事をすること
C	**S**
・組織（秩序）が崩れること ・混乱 ・不明確な期待	・対立 ・衝突 ・先が見えないこと

このように、変化を嫌う気持ちをいだきがちなのが、このSのタイプ。しかしマーケットは、どんどん変化していくもの。今までは、従来のやり方で安定した着実な成果をつくってきたが、売上げが伸びなくなった今、この会社の管理職は変化を求められているといえる。

Sの高い人は忍耐力があり、安定した着実な成果をつくるので、この会社にとっては、Sの高い人たちのやる気を高めながら、さらにD（主導型）や、i（感化型）の高い部下を登用することが、効果的であるといえる。

●Sの高い部下の行動パターン

Sの高い部下は、安定した状況を好み、変化を嫌う傾向にある。慣れ親しんだ従来のやり方で成果をあげようとはするが、新商品、新企画、新規開拓など「新しいもの」への適応は遅くなりがち。自ら決断し、行動するという積極性には欠けるが、チームプレーで、協調性があり、人に対してとても協力的である。

まとめてみると、次のようになる。

▽定例化された仕事のやり方をする

慣例、マニュアルを大切にし、間違いのないやり方をする。

▽忍耐力がある

飽きることなく、コツコツと最後まで粘り強くやり遂げる。

▽専門技術を身につける

限定した仕事のスペシャリストを指向する。

▽忠誠をつくす

任務を遂行するために、言われたことを、言われたとおりにやろうとする。また相手の立場に立ってサポートしようとする。

▽聞き上手である

人を受け入れながら聞く姿勢は「最高の聞き上手」である。
▽安定した調和のとれた仕事環境で力を発揮する
Sの割合が多い企業は、データからいうとやはり歴史のある大企業であるとか、お役所が多い。

●Sの高い部下へのコーチング

今までの彼の実績を一つひとつ承認して、確実に力がついてきていること、影響力も大きくなっていることを、その都度、評価したうえで、段階的に次のステップアップを勧めること。一気にチャレンジさせることは好ましくない。段階を踏ませて一つひとつチャレンジさせたほうがやる気になる。

その際に、具体的な方法、手順について親身になって相談に乗ってあげると安心して力を発揮する。

「君がいるので、安心して仕事に取り組めるよ」
「君の持ち前の粘り強さで、じっくり取り組んでくれ。期待しているよ」
「このやり方でやってくれれば大丈夫。もし、このやり方でうまくいかなかったら、何時でも、言ってきてくれ」

などといわれると、大きな力を発揮する。

逆に新しい任務またはテリトリーにつかせて、開拓方法を自分で考えさせるなどは得策ではない。つまり、不安定な状況で彼に創造的な仕事を強いることは、向かないのである。彼は調和のとれた安定した状況の中で力を発揮するが、変化のある不安定な状況では、むしろ不安な気持ちを増長させてしまうのである。

Sの高い部下は、時々、やる気をなくすことはあっても職場を去ることは滅多にない。一つの会社、一つの職場でじっくり成果をつくるタイプなのである。

慎重、分析的で納得するまで時間をかける人＝Cタイプ

東北地方のある中堅のコンピュータソフト開発会社に勤務する小倉課長は、細かいところにこだわり、間違いのない方法にこだわるタイプである。自分が納得するまでたっぷりと時間をかけ、納得しないと、なかなか動けない。彼の任務は財務に関する新しいシステムの開発であるが、上役の指示が、詳しい説明もないまま頻繁に変わる反面、とにかく早く完成しろとせっつかれ、あせっている。フラストレーションも相当なものである。

上役は彼のことを内心「理屈っぽく融通のきかないヤツだ」と感じている。

ついに彼はだんだんと自己防衛に走り、仕事がすすまないことに対する言い訳が多くなってきた。挙句、誰か、他の人に変わってもらって欲しいと言い出す仕末である。

小倉課長のやる気をなくさせてしまった上役の要求も、その理由を聞けば納得できないものではない。というのは、小倉課長が任されているソフトは、今後のメインとなる新規事業の一つであり、会計基準の変更に伴い、内容の変更等が余儀なくされていると

いうのである。また、会社としても、他社に先がけ、一刻も早く完成して売上げにつなげたいのである。

●Cの高い部下の行動パターン

この例の対処法としては、まず部下とじっくりコミュニケーションをとる必要がある。上役は、彼とその都度、なぜ変更が必要なのかを彼が納得するまで話をし、彼に準備の時間を十分与えるべきだ。

小倉課長のようにCの高い部下は細い所にも注意を払い、分析をしっかりとしながら、質の高い仕事をするのが長所である。

しかし、反面、確認と準備には時間がかかりすぎるところもある。

まとめると次のようになる。

▽細部に注意を払う

少々のミス、間違いも許さない。隅々までチェックする。

▽正確さをチェックする

データ、資料、数値を駆使して、正しさ、合理性を追求する。

▽衝突に対しては巧妙で間接的なアプローチをする
すなわち、一方では妥協し、一方では人を介して衝突を回避しようとする。
▽状況や活動に対して系統的、一貫性のあるアプローチをする
一見すると渾然とした事象に対しても、論理性、一貫性を見出し整理してみせる。
▽賛否両論をじっくりはかりにかけ分析する
一方の意見を鵜呑みにせず、反論もしっかり検討したうえで結論を出そうとする。
「なぜですか」と質問を多くしてくる部下は、おそらくこのタイプである。

●Cの高い部下へのコーチング

個々の任務を伝える時、納得できるようにプロジェクト全体の中での位置づけと、重要性を合わせて説明してあげることが大切だ。また、任務を把握し、遂行するために、必要なデータと問い合わせ先などを明示してやり、詳しい人などを紹介してやるとよい。彼が心配するリスクを確認したうえで、「多少の失敗は、テストケースの内だ」と励ましてあげると効果的。

「君の論理（意見・アイデア）や考えは、もっともだと思うし、正しいと思う」

「君の仕事は、いつも緻密でモレがない」
「君のやり方をさらにすすめて、より高い質の仕事をして欲しい」
などと伝えると、静かな闘志を燃やす。

さらに、Cの高い部下は、上司のあなたにたくさん質問をしてくるに違いない。それらの質問には時間をかけ、ていねいに答えることが必要だ。

彼は、あらゆることに関して、自分の頭の中で納得したいのだ。だから、彼の納得のための時間を惜しんではならない。

逆にCの高い部下は、正しさと納得することにこだわるので、指示、ルールなどが、頻繁に、しかも急に変わることを嫌がる。

また、確認するための時間やデータを与えられずに、決断をせまられることも嫌がり、とくに自分が考えたやり方、組みたて等に批判が加えられることに対しては防御的になりがちである。

（注）「ＤiＳＣ」はインスケープ・パブリシング社の登録商標である。「ＤiＳＣ」の日本語開発権及び総販売代理権は、ＨＲＤ（株）が所有する。

部下の能力レベルによって関わり方を変える

的確に部下のやる気を高め、仕事を成し遂げてゆくためには、部下の行動パターンとともに、その仕事に対する部下の〝能力レベル〟が、どの程度かを知らなくてはならない。

部下といっても、新入社員や、その仕事を担当したばかりの人と、その仕事については完全に任せて安心という人とでは、その人に対する関わり方が違うのは、当り前だからである。少なくとも、動機・欲求からくる部下の行動パターンと、その仕事に対する部下の能力レベルを知れば、効果的なコーチングが可能となり、部下の自発的な行動を促すことは可能となるだろう。

①入社したばかりの新入社員や、新しい業務に配属になったばかりの社員

たとえば、営業に関して例をとると、自社の商品知識、営業のやり方、営業トーク、得意先などをまず覚えなければならない段階である。

ここでは、まず覚えることが最優先であるから、その業務に関しては、教えることや、指示・命令という一方的コミュニケーションが中心となる。すなわち、上司はティーチングをすることになる。

「コーチング」は「その人が必要とする答えは、すべてその人の中にある」という前提をとるが、その業務に関して、部下は、まだ必要とする答えを持っていない。

この段階では、部下の意見や希望を聞くことは、場合によっては甘えの気持ちをつくり出してしまうことにもなりかねない。上司は、とにかく指示・命令を重ね、一日も早く仕事を覚えてもらうこと。この段階で部下にはＹＥＳの選択しかない。

ただし、その業務そのものではなく、その業務に取り組む姿勢、あるいは意欲を高めていくためには、積極的にコーチングを使うべきだ。

「君は将来どうなりたい？」

「どんな取り組み方をするつもりだ？」

早いうちから、できるだけ質問されること・考えることに慣れさせることも必要である。そして一つ覚えるごとに、きっちりと承認してあげると、意欲はさらに高まる。

②ある程度、仕事を覚えた社員

商品知識、営業トークも覚え、いよいよ営業に行き始めた段階である。まだ上司の同行が必要であり、たとえ一人で行かせたとしても、お得意さまを任せることはできない。

この段階にくると、もっとも大切なことは、部下の意見も聞きながら伝えるというツーウェイコミュニケーションをとることである。ある程度、仕事を覚えてくると、部下は聞きたいように聞き、やりたいようにやり始める。したがって、部下に質問をすることにより、思いこみを正していくことが必要だ。

さらに、質問をし、考えさせ、あるいは意見を出させてみる。

自立への入口であるから、期待したとおりに仕事ができたときは、すぐしっかりと承認することが大切だ。

また、「この得意先は10年来のお客さまで、毎年受注が増えている。かなり気むずかしいお客さまだが、ここをしっかりおさえておくと、この先も続くはずだ。失礼のないように頼むよ」などと、その仕事の位置づけ、重要性などもしっかり説明してやると、やる気が高まり、達成感が高くなる。

③かなり仕事もできるようになり、もう少しで独り立ちという社員

一人で営業に行くことができ、結果もそこそこつくるが、まだ完全に任せきれないという段階である。ここでは独り立ちへの自信を深めてやることがもっとも大切になる。

本人の自立への準備のために、彼の意見やアイデアを採用したり、方針決定や目標の設定にも参画させる。そうすると、上司から信頼されているという思いが自信となる。

細かい指示はできるだけ控え、本人を信頼し、できることから思い切ってやらせてみる。自分でできた体験が多くなればなるほど、自立への道は早くなる。

上司はここでは、教えるのではなく、質問によって考えさせ、あらゆる状況に自分で考えて答えが出せるように方向づけてあげることが必要だ。

ここで上司が自分でやってしまって、部下の成長をじゃましてはならない。

④独り立ちし、一人前に自立した社員＝委任型

営業に関していうなら、まったく一人で結果をつくることができ、完全に任せられる段階。

自由におおらかに仕事をやらせることが大切だ。この段階では、上司はあまり口をは

さんではいけない。

目標が明確になったら、あとは任せるのである。仕事のすすめ方も任せたほうがよい。

この段階までくると、たとえ上司の承認がなくても、自立して結果をつくることができ、たいてい結果をつくったという事実それ自体が、本人にとっては承認となる場合が多い。


部下の自発的な行動を引き出すためには、上司は部下のレベルを知り、それに合わせた関わりをしなければならない。まだろくに仕事も覚えていない新入社員に、いきなり仕事を任せたら、その新入社員は、つぶれてしまうだろう。逆に一人前に自立し、一人で十分に職務を遂行できる部下に細かい指示、命令をくりかえしたら、その部下は、くさってしまうに違いない。

日常業務の中で上司は、部下をよく観察し、部下のレベルに合った関わりをしながら、部下のレベルを段階的に引き上げてゆくことが必要なのである。

◎5章のまとめ

1）部下の“やる気”を引き出すためには、部下の行動パターンを理解し、それに合ったコーチングを行なう必要がある。
2）部下の行動パターンは、その動機と欲求にもとづいて　D（主導型）　i（感化型）　S（安定型）　C（慎重型）に分けられる。
3）部下の仕事の“能力レベル”によっても関わり方が違ってくる。
4）コーチングを機能させるためには、最低限「部下の行動パターン」と「能力レベル」を理解し、そこから関わり方を選択していくことが必要である。

6章

信頼される上司になるために

——あなたの部下になりたいと言わせる

部下がやる気をなくす上司の条件

部下は上司によって育てられることは言うまでもない。では、部下を動機づけ、やる気にさせることが上手な管理者と、下手な管理者とは、具体的にどこがどう違うのだろう。抽象的な議論は無数にあるが、一方の当事者である部下自身に直接聴いてみることが参考になる。

昨年、私は、入社3年目から7年目ぐらいまでの若手社員を対象とした研修の中で「やる気を奪う管理者の条件」というテーマで何度かディスカッションをさせてもらった。そこで、研修を受けている若手社員たちにそれぞれ少なくとも10か条はあげて欲しいとお願いをしたのである。

ところが彼らは待ってましたとばかりに、膨大なレポートを書きあげてしまった。あげく、あまりに言いたいことが多すぎて、とても10か条にはまとまらない状態になってしまったのである。自らが経験したつらいことばかりで話し始めると止まらない。

「部下のやる気を引き出す方法」とすると、きれいごとや、建前の意見しか出てこないが、「やる気を奪う」という否定的な方向からアプローチをすると、参加者の本音が次から次へ出てくる。

管理職からすると、「勝手なことばかり言うな！」「オマエはどうなんだ！」と一喝したくもなるが、以下のように若者が語る切実な声にも耳を傾けてもらいたい。彼らの本音を知ることが、彼らを動かす第一歩となるのだから。

●人として尊敬できない上司には従えない
——家具販売店A社の場合

A社は都内で10店舗ほどのチェーン店を持つ家具販売会社である。建設・住宅業界の不況のあおりを受けて販売不振に苦しんでいる。会社はここ数年、年輩社員をリストラし、若手社員を採用することでコストの削減をはかってきた。

このA社の若手社員に対して「やる気を奪う管理者の条件」を書き出してもらったのである。もちろん、上司には秘密を厳守するという大前提のもとで。

この会社のお店の店長、副店長は、だいたいが三十代後半から四十代だが、他はほとんど二十代。彼らの声を聞いてみて欲しい。

①発言を聞いてくれない

「若い者が偉そうなことを言うな」

「わかったようなことを言うな」

要するに部下の言う言葉に耳を傾ける姿勢がない。気持ちをわかってもらえないことが辛い。

②仕事の成果を正しく評価してもらえない

一生懸命仕事をしても、何の反応も、評価もない。一言でもいいから、「よくやった！」「ありがとう」の言葉が欲しい。

③数字にばかり目の色を変えている

「とにかく目標を達成しろ、すべては結果だ」とノルマを押しつけてくる。

途中経過はまったく無視し、結果しかみてくれない。逆に結果の数字さえ良ければ何も言ってくれない。自分はノルマを達成するためにだけいるのか。

④言うこととやっていることが違う

自分が何もやっていないくせに、人にばかり要求してくる。「あなたはどうなのか」とつい反論したくなる。エラそうなことを言う上司に多い。

⑤部下の功績を自分のものにしてしまう
自分の失敗は人に押しつけ、部下の成功は自分のものにしてしまう。部下を自分の出世の道具ぐらいにしか考えていない。部下の立場なんて頭にないのだ。
⑥「会議で決まったことだから」と一方的に押しつけてくる
なぜそうしなければならないのか、納得するように説明してくれない。決まったことだからと、ただ押しつけられてもやる気は起きない。
⑦仕事を任せてくれない
「任せた」と言っておきながら、途中でやたらと口を挟んでくる。そしていつの間にか自分で手出ししている。自分でやるのなら最初から「任せる」などと言わないで欲しい。
⑧「君が謝りに行ってこい」
クレーム処理など、嫌なことはすぐ部下に押しつけてくる。イザという時、前面に出てくれない。こういう上司にかぎって、手柄になるようなことや、自分の気に入ったことは誰を差し置いても自分ででかける。
⑨上司や会社の悪口を言う
「あいつには能力がない」と同僚と上役を罵倒する。「会社はわかっていない」と自分だ

けが正しいかのように息まく。部下はそんな話聞きたくない。

⑩人間として尊敬できない

人間として尊敬できない人の下では働きたくない。人間的に信頼できない人の下で働くのは不幸である。

究極の言葉だ。

●思いやりのない上司には従えない

――ゲームソフト会社B社の場合

B社はゲームソフトを開発している会社で、ここ2～3年急成長している。

ゲーム業界は、現在激しい過当競争に曝されている。アイデアが勝負であり、次から次へと新製品を開発しなければならない。

上司からの指示の多くは電子メールで行なわれる。上司と部下が実際に対面して仕事を進める機会が少ないのが特徴である。

①やたらどなるだけで、具体的な指摘をしない

「俺の言うとおりにしろ」

「言い訳など聞きたくない」

具体的に言ってもらわないと、どうしたらいいのかわかりません。こういう上司にかぎって、飲むと昔話をトクトクとし、「最近の若い者は」とはじまる。そんな話聞きたくない。

②100%放任主義
信じてくれ、任せてくれているのではなく、要するにまったく無関心。部下に任せっぱなしなのだ。上司としての責任を放棄している。

③勉強しない
ソフト開発のための新しい知識を吸収しようとしない。質問しても答えられず、勉強不足。尊敬できない。

④上役の言葉をそのまま部下に伝えるだけ
「上役の命令だ。黙ってやってくれ。俺も納得していないが上からの命令なので文句いうな」

小学生の使いじゃあるまいし、そんなオウム返しなど聞きたくない。自分で咀嚼してから話してほしい。

⑤相談しても答えが返ってこない

相談してもなしのつぶて。せっかく提案しても聞きっぱなしで適切な答えが返ってこない。もう相談なんてしません。

⑥優柔不断でなかなか決断してくれない

提案してもそれっきり。「今検討している」とはいうものの決断してくれない。こちらの仕事も停滞してしまう。

⑦部下の前で上役に露骨にゴマをする

上役に対してはペコペコしているが、部下に対しては人が変わったように威張る。言葉使いも荒っぽい。やってられない。

⑧視野が狭く、自分の部門のこと以外まるで知らない

家庭用ゲーム開発の部門やビジネスソフト開発など、他部門との連携を考えていないので、その部門の協力が得られない。いつもマサツを引き起こす。部下としてはたまらない。

⑨俺は聞いていない

組織の中で一番使われる言葉である。だったら、聞きにいって欲しい。自分の存在を

無視されたことに腹を立てているにすぎない。

⑩思いやりがない

あなたのために、頑張ろうという気にはなりません。

よくもまあ、次から次と出てくるものである。

上司からすると、「部下に何がわかるか」と、言いたくもなるが、しかし、よく聞いてみると、部下の言うことにも一理ある。

すなわち、これらの声は、つまるところ「信頼できる上司と一緒に仕事をしたい」「尊敬できる上司にめぐりあい」たいという部下の本音の裏がえしでもあるのだ。

ここは、謙虚に自分自身を冷静にふりかえってみて欲しい。

あなたに思いあたるところはありませんか？

一流の上司とは

上司の第一番の仕事は「自分より優秀な部下」を育てることだ。

いくら上司が仕事ができたとしても、部下が上司よりできない人ばかりであったら、会社は発展していかない。尻すぼみになるだけだ。

上司より優秀な部下がいるからこそ、会社に将来性があるのである。

私が現在研修をしている会社の一つに、外資系の大手食品会社がある。この不況にもかかわらず、着実な伸びをしている。

ある研修の終了後、その人事の責任者が私にしみじみと言った。

「うちのスタッフは、実にみな優秀です。彼らは時間もいとわず、一生懸命、ほんとうにすばらしい仕事をしてくれます。私なんかとてもかないません。

私は彼らにどれだけ助けられていることか…」

責任者の率直な話に、私は深い感動を覚えた。

自分は仕事ができると誇る上司がいる。しかし、そういう上司ほど部下を育てていない。「俺が一番優秀」と思っているうちは、上司としては二流だと宣言しているようなものだ。

部下は一時的に会社から預かっているにすぎない。育てて一人前以上にして会社に返さなければならない。

「彼は俺より説得力がある」
「彼のアイデアの豊富さにはかなわない」
「彼は俺より仕事ができる」
「俺の部署はみな俺より優秀だ。もう私なんて必要ないくらいだ」

と素直に思えたら、あなたこそ間違いなく一流の上司だ。

あなたの部下になりたい

売上げ低迷に悩んでいた扇風機事業部の部長が、松下幸之助さんに相談しに行った。松下さんは部長に聞いた。

「あなたには尊敬できる部下が何人いますか」

部長は答えた。

「いません。私の部下はどうもやる気のない人ばかりで、とても尊敬なんかできません」

すると松下さんは、

「それはいけませんな。どんな部下にも良い点は必ずあるはずです。それを見つけて伸ばしてあげるのがあなたの仕事ではありませんか。あなたの事業部が伸びないのは、あなたが部下を育てていないからです」

と、諭したという。

部下は誰もが育ちたいと思っている。あなたが部下を信頼し、その部下を認めたとき、はじめて部下はその信頼に応えようとし、いきいきと自分の力を発揮しはじめるのである。

そして、あなたが部下を尊敬できたとき、部下はさらに大きな力を発揮しはじめる。部下は自分を信頼し、認めてくれる人の下で働きたいのだ。どんなに仕事ができる上司の下でも、自分のことを認めてくれない上司の下では働くのがつらくなる。どんなに好きな上司の下でも、自分のことを認めてくれない上司の下では成長の実感を体験することはできない。

部下を信頼し、尊敬の気持ちを持つ上司は、部下からも信頼され、尊敬もされるのだ。コーチングは、部下を信頼し、部下を大きく成長させるためのコミュニケーションスキルであり、このスキルを支えるのは「人間は誰もが無限の可能性を持っている」という哲学である。

この哲学を信じることができるかどうかに、あなたの上司としての器が試されているのである。

◎6章のまとめ

1）「人として尊敬できない上司」「思いやりのない上司」に部下はついていかない。

2）部下の方が自分より優秀だと思えたら、あなたは一流の上司だ。

3）コーチングを支える「人間は誰もが無限の可能性を持っている」という哲学を信じることができるか――試されているの、はあなたの器である。

あとがき

新幹線の窓の鏡に研修参加者の顔が一人ひとり浮かんでは消えていく。

今回の研修は、ペットフードの大手製造販売会社の管理職を対象とした3日間の研修であった。

研修が終わり、帰りの新幹線に乗ってホッとすると、決まって参加者の顔が一人ずつ浮かんでくる。

Aさんは新しい部署に配属になったばかりだ。研修の最後に「新しい部署でがんばる勇気がわいてきました」といって、握手を求めてきてくれた。

Fさんは物静かな人であったが、情もある人で、大きなリーダーシップを発揮してくれた。Iさんは「自分より優秀な部下を育てます」と語ってくれた。

どの研修もそうであるが、研修参加者にお会いし、わずか2日間、3日間であるが、一緒に時を過ごして感じることは、どの管理職も「無限の可能性を持っている」という事実である。その力を現在、十分に発揮しているかどうかは別として、参加者に関われば関わるほど、その可能性に感動することが多い。

今回の研修に参加してくれた管理職のみなさんもそうであった。彼らの2年先、3年先を考えるとワクワクしてくる。


私は約20年間、多くの会社で研修をさせていただいてきたが、最近感ずることは、暗い顔の管理職が多くなったことである。2、3年前とは明らかに違ってきている。長引く不況の出口が見えない今、多くの管理職は悩み、もがき、苦しみ続けている。

成果は思うように上がらず、自分の今までの経験はあまり役に立たず、部下も思うように動いてくれない。しかし一方で「必達目標」だけは与えられているという現実。

なかには自信を失い、誇りさえも失いかけている管理職にお会いすることもある。社会の急激な変化と、経済の低迷は、容赦なく管理職を打ちのめしていく。

しかしながら、ありていに言えば、こういう時期だからこそ、管理職にとっては自分を一段と成長させ、自分の実力を磨いていくチャンスなのである。

昨日の自分の経験が役に立たなくなれば、今日学べばいいし、
昨日の自分の知識が役に立たなくなれば、今日習得すればいい。

昨日の自分の対応がうまくいかなければ、今日変えればいいのである。いつの時代も、自分にとっての状況をより良く変えようと思ったら、変わらなければならないのは〝自分自身〟なのである。

本書は〝コーチング〟という新しい人材育成の手法を紹介しながら、部下を育成しようと日々頑張っている管理職の方々へのエールとして筆を執らせていただいた。

あなたの部下の顔を一人ひとり思い浮かべてみて欲しい。その一人ひとりには無限の可能性があるのである。

それを引き出すかどうかは、上司であるあなたのアプローチにかかっている。本書を参考にして、あなたより優秀な部下を一人でも多く育ててくださったら、著者としてこの上もない喜びである。

本書を書き上げるにあたっては、私にコーチングという人材育成手法をいち早く教えてくださったコーチ21の代表、伊藤守さんに心から感謝いたします。また、海外から様々な研修教材を導入し、管理職を中心とした人材育成に多大な貢献をしているＨＲＤの韮原光雄社長およびトレーニングコンサルタントの十亀敏明さんには多くのアドバイスをいただきました。ありがとうございました。

さらに、本書の執筆にあたって、貴重な情報を提供してくださったコーチプロスタッフの代表、梅原洋也さん、コーチの川村香りさん、西塚祐子さん、谷田秀子さん、ほんとうに多くの方々に力を貸していただきました。併せて感謝申し上げます。

本書が多くの方々の人材育成にお役に立てることを祈って——。

二〇〇二年五月吉日　　神戸から東京への新幹線のなかで

佐藤　英郎

■佐藤英郎（さとう　えいろう）
1950年生まれ。北海道出身。

明治大学法学部卒業後、同大学法制研究所を経て、研修コンサルタント事業に20年携わる。個人と組織の変革を目的として、1993年（株）創造交流を設立。現在、代表取締役。

電通、キリンビール、ネスレグループをはじめとする大中小200社での研修実績を持つ。特に「人づくり」に情熱を燃やし、リーダーシップ理論、ビジネスコーチング、DiSC理論などを組み合わせたその卓越した指導内容は多くの企業の信頼を得ている。さらに、各地で公開研修を実施。その受講生は8万人にのぼる。

米国インスケープパブリシング社認定DiSCマスタートレーナー、HRD（株）シニアコンサルタント、国際TA協会正会員、全日本能率連盟認定マスター・マネジメント・コンサルタント。

著書に『気づく人　気づかぬ人』（学習研究社）がある。

URL　http://www.souzou.co.jp
E-mail　info@souzou.co.jp

部下の能力を100%引き出す
職場のコーチング術

2002年6月10日　初版発行

■著　者　佐藤 英郎
■発行者　檜森 雅美
■発行所　株式会社アーク出版
〒162-0844　東京都新宿区市谷八幡町16-606
電話（03）5261-4081
FAX（03）5261-2794
ホームページ　http://www.ark-gr.co.jp/shuppan/
■印刷・製本所　株式会社 平河工業社

ISBN4-86059-006-6